Paul Divjak
Integrative Inszenierungen

Szenografie & Szenologie Band 5

EDITORIAL

Die Reihe Szenografie & Szenologie versammelt aktuelle Aufsätze und Monografien zum neuen Ausbildungs- und Berufsfeld Szenografie. Im Kontext neuer Medientechniken und -gestaltungen, Materialien und narrativer Strukturen präsentiert sie Inszenierungserfahrungen in öffentlichen Vor-, Aus- und Darstellungsräumen.

Zugleich analysiert die Reihe an Beispielen und in theoretischer Auseinandersetzung eine Kultur der Ereignissetzung als transdisziplinäre Diskursivität zwischen Design, Kunst, Wissenschaft und Alltag.

Die Reihe wird herausgegeben von Ralf Bohn und Heiner Wilharm

WISSENSCHAFTLICHER BEIRAT

DER AUTOR

Paul Divjak (Dr. MAS) ist Autor, Konzeptkünstler und Kulturwissenschaftler. Er studierte Theater-, Film- und Medienwissenschaft an der Universität Wien, absolvierte den Hochschullehrgang *Film- und Geisteswissenschaften* (Institut für Geschichte) an der Universität Wien sowie das Postgraduierten Programm *Szenografie* (Institut für Design und Technologie) an der ZHdK, Zürich. Divjak schreibt Kolumnen (*Der Standard* u.a), Essays, Theaterstücke, Hörspiele und Bücher, arbeitet an Theater-, Film- und Videoprojekten, an performativ-partizipativen Rauminstallationen und veröffentlicht elektronische Musik. Ausstellungen/Ausstellungsteilnahmen zuletzt u.a.: Prague Quadrennial, Austrian Cultural Forum, New York, Para/Site Hong Kong, International 3 Gallery Manchester, Kunsthalle Wien, Zacheta Gallery Warschau, Fotohof Salzburg). Zahlreiche Preise und Stipendien: u.a. Theodor-Körner-Preis für Wissenschaft und Kunst 2008. Österreichisches Staatsstipendium für Literatur 2009/10. Wissenschaftsstipendium der Stadt Wien 2010.
Zuletzt erschienen: *Science Fiction Pocket Museum* (CD) und *Hinter einer leuchtend grünen Wiese verbirgt sich ein gespenstischer Frauenkopf in düsteren Farben* (Prosa).

www.pauldivjak.com

Paul Divjak

INTEGRATIVE INSZENIERUNGEN

Zur Szenografie von partizipativen Räumen

[transcript]

Veröffentlicht mit Unterstützung des Fonds zur Förderung der wissenschaftlichen Forschung.

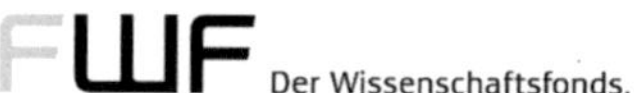

Bibliografische Information der Deutschen Nationalbibliothek
Die Deutsche Nationalbibliothek verzeichnet diese Publikation in der Deutschen Nationalbibliografie; detaillierte bibliografische Daten sind im Internet über http://dnb.d-nb.de abrufbar.

Umschlaggestaltung: Ralf Bohn
Umschlagabbildung: alphoxic (Christoph Thorman) / photocase.com (Detail)
Lektorat: Claudia Mazanek
Satz Anouk Rehorek
Druck: Majuskel Medienproduktion GmbH, Wetzlar

Gedruckt auf alterungsbeständigem Papier mit chlorfreigebleichtem Zellstoff.
Besuchen Sie uns im Internet: *http://www.transcript-verlag.de*
Bitte fordern Sie unser Gesamtverzeichnis und andere Broschüren an unter: *info@transcript-verlag.de*

Versuchen wir, immer an guten Orten zu sein.

Rabbi Schneerson[1]

Vom konstruktivistischen Gesichtspunkt aus
ist das genau das, was wir in unserer Erlebniswelt tun:
Wir suchen nach Spielräumen, wo wir uns bewegen können,
wo wir handeln und denken können.

Ernst von Glasersfeld[2]

[1] Freeman, Tzvi (Hg.): *Den Himmel auf Erden bringen. Die Weisheit des Rabbi Schneerson aus New York.* Bern/München/Wien: O.W. Barth. 1999, S. 90
[2] Glasersfeld, Ernst von: *Über Grenzen des Begreifens.* Bern: Benteli. 1996, S. 28

INHALTSVERZEICHNIS

INTEGRATION UND SUBVERSION. VORWORT DER HERAUSGEBER

Ralf Bohn, Heiner Wilharm

Die Reihe *Szenografie & Szenologie* veröffentlicht Monografien und Aufsatzbände zur Theorie und Praxis der Szenografie, einem seit Jahren zunehmend attraktiveren Ausbildungs-, Berufs- und Praxisfeld der Raum- und Mediengestaltung mit dem Ziel strategischer Ereignis- oder – neudeutsch – Eventplanung. Der vorliegende Band von Paul Divjak zur Szenografie partizipativer Räume beschreibt solche Inszenierungstätigkeit unter Berücksichtigung soziologischer Ansätze, insbesondere im Blick auf neuere Vergemeinschaftungsformen, die den Risikohaushalt bürgerlicher Kunstplanung oftmals überschreiten. Dies unterstreicht die Diskursfähigkeit einer szenografisch szenologischen Analyse, die sich keineswegs nur an künstlerischer oder gestalterischer Praxis orientiert.

Szenografisch intendierte und herbeigeführte Ereignisse setzen auf Strategien der Sozialisierung ihrer Klientel und die Möglichkeiten kommunikativer Moderation und Affektmodulation ihres Publikums. Die angestrebten Gemeinsamkeiten zwischen Machern und Nutzern werden dabei szenografisch imaginiert und konzeptionell antizipiert. Mithin stellt sich die Frage, welche Pointe die *Integrative Szenografie* bieten könnte, wenn dies die Voraussetzung aller szenografischen Ambition darstellt. Der Anspruch auf Integration hebt die Grenze zwischen Veranstaltern und Veranstaltung nicht auf. Allein vermag der Reflex darauf den Macht- und Autorisierungsanspruch dieser Art Grenzziehung zu verdeutlichen und versuchen, über Möglichkeiten seiner Auflösung nachzudenken. Freilich hat es in Spektakel und Skandal immer schon eine Verselbständigung des Ereignisses gegeben – für eine autorisierende Szenografie einer Art Usurpation der Inszenierung im Spiel. Der erweiterte Experimentalraum des szenografischen Entwurfs, in dem sich vornehmlich die (medien-)technischen, aber auch die theoretischen Mittel zunehmend perfektionieren, soll die *Integration* möglichst lange *simulieren* und für solche partizipativen ‚Experimente‘ gesellschaftliche Akzeptanz erobern.

Was die theoretische Betrachtung betrifft – theoretisch im Sinne einer szenologischen Analyse – artikuliert die Idee der *integrativen Inszenierung* das Interesse an einer *befreiten Form* von Szenifikation, für die sich vordem *entweder* die Macher – Regisseure, Direktoren, Szenografen – oder die Rezipienten – Publikum, Zuschauer, Besucher – stark gemacht hätten. Die Beziehungen der sozialen und kommunikativen Szenik sind nicht im Schaltkreis bloßer Informationsverschiebung zu erhellen. Notwendig ist die Aufklärung über das Verhältnis von Darstellung, Ereignis und Teilnahme bzw. Teilhabe.

Die Betrachtungsweise Divjaks sichert u.a. einer systemtheoretischen Zustandbeschreibung eine gewisse Plastizität, wie sie sonst nur von den Subjektsystemen frühromantischer Philosophie bekannt ist. So kommt der Verweis auf diese Grundlagen nicht von ungefähr. Im nachrevolutionären Spekulationsraum stellte sich die Frage der Vergesellschaftung in einer ästhetischen Dimension, formal nicht material. Der Infragestellung der Macht folgen ihre Verschiebung und die Befragung ihrer Inszenierungen. Foucault hat diese Befragung nachdrücklich unternommen. In Zeiten, in denen es scheint, dass Diktatoren und Potentaten jeder Gewaltakt per Bildbeleg nachgewiesen werden kann, ist sie aktueller denn je. Umso mehr kommt es auf den Schein des Verschwindenmachens der Autorität von Inszenierung an, ihrer Verwandlung in Volkssouveränität und Partizipation. Dabei muss ein Unterschied zwischen partizipativer Autorschaft und Autorität durchaus gemacht werden. Integrierte Inszenierung hätte die Aufgabe, den gesellschaftlichen Kontext der szenografischen Inszenierungsmodalitäten von ‚Herrschaft und Knechtschaft' durchsichtig zu machen. Dass sich mit den Nadelstichen solcher Inszenierung eine Weltkultur revolutionieren ließe, steht nicht zu befürchten. Im Gefolge der frühromantischen Aufklärung – von Schiller über Hegel und Marx – sind aber nicht alle Experimente gescheitert. Wie weit die medientechnische Subversion gehen könnte, liegt nur scheinbar paradoxerweise an der Verwendung jener massenweisen, Freiheit versprechenden Mediengadgets, deren Ziel eigentlich die Stabilisierung gesellschaftlicher, zumindest ökonomischer Verhältnisse sein soll. Wenn derart Machtmittel durch Konsum in die Hand eines jeden zahlungskräftigen Individuums gelegt sind, kommt es auf die Strategien an, die Chancen auf Vereinbarkeit haben – temporäre funktionale Ziele, sagt Foucault, politisch erst beim zweiten Hinsehen. Dabei werden Verführung und Erotisierung, Tarnung und Täuschung, Entlarvung und Skandalisierung zu entmoralisierten Spielformen sich spontan bildender Gemeinschaften, die in ihren Handlungen auf die Nicht-Reproduzierbarkeit von Ereignissen setzen, um sie der Konsumverfügbarkeit zu entziehen. Die Werbung, die mit den gleichen Mitteln arbeitet, aber dem Monolog der Argumente und der Eintönigkeit der Reproduktion unterworfen ist, musste spätestens seit Warhol erkennen, dass es nicht um Verdrängungswettbewerb gehen kann, sondern um Koexistenz. Nur so kann ein öffentlicher Raum aufrechterhalten werden, in dem weder Produzenten noch Kunden zur Disposition stehen, sondern die Ironie der scheinbaren Verbindlichkeit jede Grenzziehungsinitiative entmachtet. Dem Monolog der Werbung folgt der Dialog der Politik; dem Dialog der Politik der Trialog der subversiven Inszenierung.

Wer hat in diesem Spiel der Koexistenzen die Regeln in der Hand? Sind es anonyme Netze oder prometheische Visionäre, stille Nerds oder aufgebrachte Kleinbürger, die mit Lust am Skandalösen oder fetischisierenden Ritual alte Prägungen entzaubern? Das Unbedingte autoritativer Präsenz, im klassischen

Theater stilisiert, wirkt medienvermittelt ‚vergemeinschaftungsverändernd', um einen Begriff Max Webers und Georg Simmels auszudifferenzieren. Gerade der frühromantisch-ästhetische Revolutionswille indiziert, dass Fetischbildung, transzendent, imaginär oder von steinerner Präsenz, zum Spiel gehört. Doch kristallisiert sich Macht nicht mehr im Zentrum als Ort der Fetischisierung, sondern an den Peripherien relativen Vertrauens. Das Zentrum dagegen wird im Laufe der beständigen Grenzverschiebungen durch die Agenten nun wieder bewohnbar, darstellbar und kritisierbar.

Der integrativen Inszenierung geht es um das Bewusstsein einer Verführungskunst, von der Baudrillard meinte, sie schöpfe die Dekonstruktion der Subjektivität aus deren Selbstentfremdung. Wie aber ist Selbstentfremdung unter Voraussetzung von Nichtidentität zu denken? An diesem Dilemma, das schon Fichte und Schelling zum Gegenstand einer Metaphysik des Subjekts erhoben haben, setzen die Interventionen, die Divjak beschreibt, an. Sie formulieren einen funktional erotischen Ort der Verführung, an dem für die Zeit des szenischen Ereignens die Verführung als Selbstverführung agiert – sie wird sichtbar und spürbar, muss aber nicht intellektualisiert, auch nicht verstanden werden. Aus der Probehandlung philosophischer Begriffe wird eine leibhaftige Erfahrung. Das Theater Schillers, auch das situationistische Theater Sartres, insistiert auf dem Dilemma von Sprachhandlung und Tathandlung. Was das Theater über zwei Jahrhunderte gezähmt hat, erobert, begünstigt von der Mobilität der Sprech- und Sehmaschinen, die Straße zurück. Zugleich werden Formen von Voyeurismus und Exhibitionismus entfesselt, wie sie dem Wandertheater eigen waren. Man kann das Ereignis nicht mit nach Hause nehmen; es trotzt dem Geschick der Wiederholung, das es zu überwinden trachtet, der technischen Simulation von Handlung, wie sie beispielhaft der Film vorexerziert. Vor dem Fernseher „Halt!" in die Menge rufen, einen Skandal provozieren zu wollen, erscheint sinnlos.

Trotz der Virtualisierung einer medial vergesellschafteten Gemeinschaft, bleiben die Formen der integrativen Inszenierung am Ende an die Präsenz der Körper gebunden. Das macht im Kern den Erfolg der szenografischen Bemühungen aus: ihre Rückbindung an Präsenz, die Erfahrung des Übergangs bloßer Situativität (Heideggers „Geworfenheit") in „Freiheit" (Sartre) durch eigene Spontaneität, durch Re-Inszenierung.

Wo bleibt der konstante Ort als subjektstabilisierender Zufluchtsraum? In der Tat fragt Paul Divjak mit der Einführung des Begriffs der *integrativen Szenografie* vor allem nach der dekonstruktivistischen Bedeutung des Raumes, wenn im Planungsorbit von Virtualität und Realität Leiberfahrungen neu besetzt werden. Das heißt nicht, dass es nun keinen Raum mehr gäbe, nur Auflösung in Permanenz und Resets angesichts beständiger Aktualisierungswut. Schelling hat die neue Stabilität in der Figur des widersprüchlichen Verhältnisses von Inversion und Reflexion beschrieben. Nach ihm wird die Stabilisierung paradoxerweise durch ihre Dynamik aufrechterhalten. Doch handelt es sich nicht um einen quasibiologischen *élan vital*. Denn der fetischhaften Selbstabgabe fehlt mit dem Raum auch der Ort. So bleiben wir verwiesen an die Gegenrealitäten der alten gespenstischen Mediensphären des Heiligen, der Offenbarungen und der Verzückungen. Nur dass wir nicht mehr blind sind gegen die professionalisierten Atmosphäre-, Stimmungs- und Gefühlstechniken der szenografischen Medieningenieure.

Partizipatorische Strategien in der Szenografie beinhalten Techniken der Dekonstruktion von Gesellschaft. Sie bemühen sich um eine performativ szenische Besinnung, die es erlaubt, die ihr selbst nicht einsichtigen Vergemeinschaftungsformen zu ‚Testzwecken' aus dem politischen Kalkül herauszunehmen. Religiös bis in die Zehenspitzen und zugleich gottlos bis zur Anarchieekstase vertrauen wir unser Glück den Medien und ihrem Zusammenspiel an, ohne zu wissen, welche Regeln das Spiel für uns bereithält. Zwischen Dauerkrisendynamik und Risikobereitschaft im versicherungstechnischen Niemandsland können wir die Nähe des großen Dirigenten, des genialen Künstlers, des überragenden Denkers und des gerissenen Staatsmannes aushalten. Das Opfer solch risikobereiter Gottesansicht zur Selbstbeglaubigung hat viele Gesichter. Möglicherweise wird die faustische „Gottsucherbande" (Bazon Brock) auch die Staaten selbst als Inszenierungsfelder dekonstruktiv zersetzen. Bevor es so weit kommt, suchen Künstler, Kuratoren, Szenografen mit selbstsignierten Rezepten nach einer Strategie der Verhältnismäßigkeit. Vielleicht sind die Ingredienzien raffinierter gemischt als bei der wissenschaftlichen Modellexploration von Schwarmverhalten.

Wer mehr tun will als nach Marktwert eines Events Erlebnisse zu feiern, muss Gelegenheit bekommen, neben allen ästhetischen und technischen Parametern auch soziologische, politische und kommunikative Hintergründe der Inszenierungspraktiken kennen zu lernen. Mit der Reihe *Szenografie & Szenologie* haben die Herausgeber ein solches Denkfeld spendiert. Begriffe und Gedanken, Behauptungen und Versuche stehen zur Verfügung, um auf Plausibilität getestet zu werden. Dass Szenografie ein Geschäft sei, den ungebrochenen Imperialismus praktischer ‚Kreativität' gedanklich, mediensoziologisch wie gesellschaftstheoretisch, scheitern zu sehen, ließe sich auch mit den Darlegungen des nun fünften Bandes der Reihe belegen, ebenso wie die Behauptung, dass damit durchaus eine gewisse Entspannung im Kriegsmodus solcher Ökonomisierung des Selbst verbunden sein kann. Darüber hinaus bestätigen die Untersuchungen Paul Divjaks eine weitere Prämisse der Edition, dass es nicht aussichtslos scheint, die Erfahrungen der Szenografie an Hand ihrer Praxis diskursiv aufzuarbeiten.

Ralf Bohn, Heiner Wilharm, Dortmund im November 2011

EINLEITUNG

Die von Dirk Baecker mit Bezug auf Peter F. Drucker so benannte *nächste Gesellschaft*[3] braucht Orte, die zur Reflexion einladen, zum interaktiven Miteinander, „Spielräume, in denen wir uns bewegen können, wo wir handeln und denken können“ (Glasersfeld)[4]. Es besteht Bedarf an Räumen, in denen sich offene Diskurse entwickeln und Ideen Form annehmen, an Räumen, die kommunizieren, die Fragen stellen und die mitunter irritieren, um Reflexions- und Innovationsprozesse auszulösen.

Gattungsgrenzen werden durchlässiger, klassische Trennungen der Disziplinen sind nicht mehr klar zu ziehen, transgressive Herangehensweisen und Prozesse bestimmen die genreübergreifenden Manifestationen im *kulturellen Feld*.[5]

Angesichts des gegenwärtigen Trends zum Event, zur flächendeckenden Inszenierung von aktuellem Lebensraum und virtueller Umgebung, kommt Zwischenorten der Performativität, an denen Begegnung und (Erfahrungs-)Austausch stattfinden, Konventionen befragt werden und innovative Ansätze ausprobiert werden können, maßgebliche gesellschaftskulturelle und -politische Bedeutung zu.

Anhand von ausgewählten Beispielen aus den Bereichen *Theater, (Kultur-) Wissenschaft* und *Bildende Kunst* sollen im Rahmen der vorliegenden Ausführungen Inszenierungsstrategien analysiert und Raumkonzepte befragt werden, die partizipatorisch angelegt sind, die RezipientInnen als AkteurInnen adressieren und aktives Überprüfen von Denk- und Handlungsmodellen ermöglichen.

Im Mittelpunkt steht die Auseinandersetzung mit multisensorischen (Erfahrungs-) Räumen, die Kommunikations- und Artikulationsgelegenheiten inszenieren und dazu beitragen, Partizipation und Interaktion „als soziales System, das (...) durch die wechselseitige Wahrnehmung der Anwesenden strukturiert ist (und dem frei steht, auch Abwesende *wie* Anwesende zu behandeln) und daher typischerweise zwischen

[3] Vgl. Baecker, Dirk. *Studien zur nächsten Gesellschaft*. Frankfurt/Main: Suhrkamp. 2007, S. 8ff. – Vgl. auch: Peter F. Drucker: „The Next Society: A Survey of the Near Future“, in: *The Economist*, November 3rd, 2001

[4] Glasersfeld, Ernst von: *Über Grenzen des Begreifens*. Bern: Benteli. 1996, S. 28

[5] Pierre Bourdieus „Feldbegriff“ soll hier und in der Folge gleichsam „entmilitarisiert“ verwendet werden. Hat Bourdieu ihn angewandt, um das Zusammenspiel von AkteurInnen bezüglich des Kampfes um kulturelles, symbolisches und ökonomisches Kapital zu definieren, so wird im konkreten Fall das *kulturelle Feld* als Bezeichnung für komplexe, transdisziplinäre Produktion unterschiedlicher AkteurInnen im gemeinsamen Bereich der Kunst und Kultur verstanden werden. Vgl. u.a. Bourdieu, Pierre: „Über einige Eigenschaften von Feldern“, in: Ders.: *Soziologische Fragen*. Frankfurt/Main: Suhrkamp. 1993, S.107

der Akklamation von Nähe und Wärme einerseits und der Kritik von Beengung und Gewalt andererseits hin und her oszilliert“ zu etablieren.[6]

Für die angewandten Szenografien, die gleichsam Resonanzräume für das Oszillieren dieser strukturellen Spannung schaffen, in denen, wie Georges Didi-Huberman es formuliert, das „Hier, dieses Hier des Ortes, einzig darauf abzielt, die üblichen Gewissheiten zu dekonstruieren, die wir vom Raum haben, wenn wir ihn spontan objektivieren wollen“[7], soll im Folgenden der Begriff der *integrativen Inszenierung* eingeführt und definiert werden.

Was Georges Didi-Huberman *Supposition des Ortes* nennt, und Barnett Newman, auf den er sich bezieht, als eine *Offenbarung und eine Verwandlung des Raumes* bezeichnet, hat mit der Unmittelbarkeit sinnlich phänomenologischer Erfahrung zu tun – im Hier und Jetzt, an Ort und Stelle verschieben sich die Parameter der Verortung (des Raumes und des Subjekts) – es kommt zur Öffnung. Laut Didi-Huberman geht es nicht um eine „programmatische Entscheidung eines wie auch immer gearteten ästhetischen Axioms. Es handelt sich um die Erfahrung einer – wortwörtlich zu nehmenden – Erscheinung.“[8] Er stellt in weiterer Folge fest, dass die Axiomatik und Ästhetik des Raumes eine stilgeschichtlich objektivierte Erfahrung des Kollektivs ist, während die Erfahrung des Ortes, auf die Newman referiert, eine private sei, *„ein Ereignis des Subjekts* und kein messbares Faktum“.[9]

Die Aufmerksamkeit des vorliegenden Bandes gilt der integrativen Inszenierung als Ereignis der Unmittelbarkeit im erweiterten Theaterraum (Lovepangs™, von Jeanette Müller und Carmen Brucic alias *heavygirlslighten*, Volksbühne Berlin) ebenso wie ihren Erscheinungsformen als kulturwissenschaftliche Vermittlungsarbeit (anhand des Beispiels des Ausstellungsprojekts „museum inside out“ im Museum für Volkskunde, Wien), im so genannten Kunstkontext („Raum für Sexkultur“ von Christoph Büchel in der Secession in Wien) sowie als Kunst im öffentlichen Raum („BarRectum“, Atelier Van Lieshout, MuseumsQuartier Wien).

Die Annahme ist, dass sich in Bezug auf Räume, in denen Partizipation gefragt ist und Interaktion stattfinden soll, in den Bereichen *Theater*, *kulturwissenschaftliche Vermittlungsarbeit* und *Bildende Kunst* gemeinsame Strategien festmachen lassen.

Der transdisziplinäre Begriff der *integrativen Inszenierung* ist als Angebot zu verstehen, diese zu benennen und zu verorten.

[6] Baecker, Dirk: *Theater der Gesellschaft am Standort Berlin. Denkschrift im Auftrag des Theaters Hebbel am Ufer.* Berlin: Hebbel Theater. 2003, S.16

[7] Didi-Huberman, Georges: „Supposition der Aura. Vom Jetzt, dem Gewesenen und der Moderne“, in: Flügge, Matthias, Kudielka, Robert, Lammert, Angela (Hg.): *Raum. Orte der Kunst.* Nürnberg: Akademie der Künste, Berlin/Verlag für moderne Kunst. 2007, S.78
Vgl. auch: Newman, Barnett: „Ohio 1949“, in: O'Neill, John P. (Hg.): *Barnett Newman: Selected Writings and Interviews.* New York. 1990, S.174f.

[8] Ebd., S.77

[9] Ebd., S.78

So wie im Rahmen der Ausführung die Elemente im physischen und symbolischen Raum als gleichwertig angesehen werden und als Ensemble Aufmerksamkeit erfahren, spiegelt auch der Textaufbau in Bezug auf die philosophischen und kulturwissenschaftlichen Reflexionen zum Phänomen „Raum“ kein lineares, hermetisch dem Diskurs der Disziplinen folgendes Vorgehen wider. Diskursanalytische Netze werden ausgeworfen, Ziel ist eine produktive Denkbewegung durch das phänomenologische Feld, in das sich die integrative Inszenierung einschreibt. In einem potenziell offenen System werden Gedanken aufgegriffen, einverleibt, verschnitten und mitunter in neuen Bahnen zur Diskussion gestellt.

Zentral ist das Nachdenken über den physischen und symbolischen Raum, in dem potenzielle integrative Inszenierungen stattfinden, das Befragen exemplarischer Manifestationen, die Frage nach den „Rahmungen“ und der performativen Praxis sowie nach künstlerischen Verfahrensweisen, genre- und kontextspezifische sowie gesellschaftliche/politische Konventionen zu kommentieren und zu überschreiten.

Es gilt, raumspezifischen Organisationskriterien der integrativen Inszenierung nachzugehen und Bewusstseinsbildung in Bezug auf Erfahrungsräume für kinästhetisches und intellektuelles Erleben zu betreiben.

Der Vergleich der Settings und Methoden, das Zusammenführen der Erkenntnisse aus den verschiedenen Bereichen und die Interpretation des Materials sollen Aufschluss über die typischen Merkmale der integrativen Inszenierung ermöglichen.

Es besteht Bedarf an integrativen Inszenierungen, an performativen, „hybriden Aktions- und Lebensräumen“ (Meurer)[10], die nicht nur Erlebnis versprechen, sondern zum aktiven Erfahrungsaustausch, Fragenstellen und gemeinsamen Ideenentwickeln einladen. Als idealtypische Plattform bergen integrative Inszenierungen einzigartige Möglichkeiten, Primärerfahrungen und selbstreflexive Prozesse in Gang zu bringen. Dies ermöglichen sie durch die Erfahrung der Dinge, der Orte und „die Selbsterfahrung in einer Situation, in der wir in der Öffentlichkeit (...), mit uns allein sind und die Erfahrung des Alltags überschreiten“.[11]

Räume und Settings können Kommunikation ermöglichen und zur Interaktion anregen, und sie können diese verhindern. Es bedarf gezielter Inszenierungsstrategien, um RezipientInnen zu adressieren, sie zu AkteurInnen zu machen und vom Alltag in spielerische, laborähnliche Situationen zu versetzen, um integratives, prozesshaftes und partizipatorisches Geschehen zu motivieren.

[10] Meurer, Bernd: *Die Zukunft des Raums.* Frankfurt/Main: Campus. 1994, S.28f.

[11] Das Zitat folgt einem Gedanken, den Hans Belting angesichts des Abhandenkommens der drei Erfahrungsformen in der heutigen Zeit für die Erfahrung im Museum formuliert. Vgl. Belting, Hans: „Orte der Reflexion oder Orte der Sensation?“, in: Noever, Peter: *Das Diskursive Museum.* Ostfildern-Ruit: Hatje Cantz. 2001, S.89

Die Reflexionen über den Raum sind im Allgemeinen und naturgemäß historisch zahlreich, wobei vor allem die Diskurse in Bezug auf den Begriff des Raumes, wie sie in der Philosophie, der Soziologie und der Theaterwissenschaft stattgefunden haben und stattfinden, einen Hintergrund darstellen und in die vorliegenden Überlegungen einschreiben.

Nach der Exposition der im Titel verwendeten Begriffe *Szenografie, integrative Inszenierung* und *Partizipation* erfolgt in Kapitel I „Raumreflexionen" die wissenschaftliche Auseinandersetzung mit der Konstruktion und Konstitution des Raumes im Rahmen von philosophischen, soziologischen und kulturwissenschaftlichen Theorien und Erkenntnissen.

Es gilt, *Atmosphäre* (Luhman, Böhme, Buytendijk), *Raumgefühl* (Adorno) und den „erlebten Raum" (Bollnow) zu reflektieren und den Raum als soziales Konstrukt zu begreifen, ihn als Austragungsort sozialer und kultureller Prozesse zu beschreiben und unter Rekurs auf philosophische Ansätze (Heidegger, Rother, Barthes, Derrida) die Bedeutung und Möglichkeiten der integrativen Inszenierung herauszuarbeiten.

Im Rahmen der darauf folgenden Kapitel kommt den jeweiligen Feldern (Theater, Wissenschaftsvermittlung, Bildende Kunst), in die sich die exemplarischen integrativen Inszenierungen (Kapitel VI) einschreiben, Aufmerksamkeit zu.

In Kapitel II „Theatrale Raumorganisationen" werden die Verwandlung des physischen Raums in den Kunstraum *Theater* (Merleau-Ponty, Herman, Féral), die Rolle des Publikums sowie der Begriff der Theatralität (Barthes, Meyer) und das Themenfeld Raum und Performativität (Fischer-Lichte, Brejzek/Von der Haegen/Wallen) diskutiert. Außerdem wird das Motiv der Atmosphäre wieder aufgenommen (Fischer-Lichte, Böhme).

In Kapitel III „Einbruch des Realen" erfolgt ein soziologisches Intermezzo (Bauman, Beck, Sennett, Baecker): die Darlegung des Status quo, des unsicheren individuellen und gesellschaftspolitischen Terrains, auf dem sich das Subjekt bewegt. Thematisiert werden das Verschwinden des öffentlichen Raumes als Ort des Diskurses (Giddens, Arendt), die Zunahme von „Nicht-Orten" (Augé), (Gegen-) Bewegungen zur Erlebnisgesellschaft im urbanen Raum (Marschall) und die Chancen der integrativen Inszenierungen, optionale Möglichkeitsräume zu schaffen und (mediatisierte) Handlungsszenarien zu entwerfen.

In Kapitel IV „Kunst/Raum" wird das Ausloten der Raumsituation in Bezug auf Konventionen und Machtverhältnisse besprochen, wie es von den historischen Avantgarden Anfang des 20. Jahrhunderts und im Rahmen von institutionskritischen künstlerischen Praxen nach 1960 erfolgte (Foster, Möntmann). Weiters wird die integrative Inszenierung und ihre Manifestation im Kunstkontext als transgressive, selbstreflexive Intervention beschrieben, die das Erfahrbarmachen des Raumes in den Vordergrund stellt. Das Kapitel setzt sich mit Überlegungen zum Wandel des Museums und der Rolle der KulturproduzentInnen auseinander, bevor es sich der Verortung der integrativen Inszenierung im Rahmen von Happening (Kaprow, Vostell), Performance Art, experimentellen Theaterformen und der Installation (Rebentisch u.a.) widmet. Abschließend wird das Themenfeld „Kunst im öffentlichen Raum“ als Hintergrund für das in Kapitel VI verhandelte Beispiel der Installation „BarRectum“ (Lieshout) etabliert.

Überlegungen zur Wissensvermittlung im Museum und ein Abriss der Entwicklung der *Science Center* in Kapitel V begleiten die Ausführungen zur angewandten integrativen Inszenierung „museum inside out“ im Rahmen von Kapitel VI, in dem auch das Thema der Vermittlung vertiefende Aufmerksamkeit erfährt.

In Kapitel VI schließlich liegt der Fokus auf den bereits Eingangs erwähnten exemplarischen integrativen Inszenierungen, ihren Erscheinungsformen und ihren Strategien zur Rahmenverschiebung und Raumöffnung und ihrem Potenzial zur Erweiterung von Erfahrungshorizonten.

Im ersten Abschnitt, VI.1, wird der Lovepangs™-Kongress der Künstlerinnen Jeanette Müller und Carmen Brucic verhandelt, zu dem Christoph Schlingensief und Alexander Kluge ein Opernprojekt beisteuerten und der die Volksbühne Berlin im Jahr 2001 im Sinne Sloterdijks *symbolisch klimatisierte* und zum multi-funktionalen, sinnlich erfahrbaren Aktionsraum machte.

Im zweiten Abschnitt, VI.2, erfolgt eine Darstellung des Projekts „museum inside out“ am Museum für Volkskunde in Wien, im Rahmen dessen sich die integrative Inszenierung als Inszenierung des Museumsalltags manifestiert, und die das Ausstellungsdisplay als Dispositiv und das Museum als „lebendiges System“ (Fehr) thematisiert.

Das Projekt „Raum für Sexkultur“ von Christoph Büchel, für das der Künstler die Secession in Wien in einen Swingerclub transformierte, steht im dritten Abschnitt des VI. Kapitels (VI.3) im Mittelpunkt des Interesses. Als hochkomplexe Rauminstallation zwischen Realität und Fiktion wird „Raum für Sexkultur“ als integrative Inszenierung, die durch mimetische Irritation als Strategie zur phänomenologischen Weltaneignung auf das Aufbrechen von Konditionierungseffekten (sozialen Ritualen) setzt, und zur selbstreflexiv-performativen Exkursion in den unbekannten Alltag einlädt, erörtert.

Gleichsam als Appendix erfahrt „BarRectum“ des niederländischen Künstlers Joep Van Lieshout (MuseumsQuartier Wien) als integrative Inszenierung im öffentlichen Raum, als Kommunikationsanlass, der Neugier zur partizipativen Erkundung stiftet, in Abschnitt VI.4 Aufmerksamkeit.

„Vielleicht ist es gar nicht so wichtig, Orte zu schaffen, an denen sich so etwas wie Identität herausbildet …“, stellt Elisabeth Schweeger in Bezug auf die veränderte und ineinandergreifende Realität des Theaters, des Museums und der Vermittlung von Kunst und Kultur fest. Und sie setzt fort: „... vielleicht reicht es schon, Orte bereitzustellen, die ein Hafen sind, wo Schiffe kommen und gehen, bisweilen auch verkommen und untergehen, manche länger angedockt liegen, manche nur für eine Nacht".[12]

In diesem Sinn versteht sich der vorliegende Band als Beitrag zur Auseinandersetzung mit der Inszenierung von derart temporären Anlegestellen, von transitorischen Zwischenorten des Möglichen.

[12] Schweeger, Elisabeth: „Verkommene Ufer – Kunstmaterial. Von notwendigen Anachronismen wider die globale Infantilisierung", in: Noever, Peter: *Das diskursive Museum*. Ostfildern-Ruit: Hatje Cantz. 2001, S.39

EXPOSITION

Unterscheidet der populäre Sprachgebrauch nicht zwischen Bühnenbild und Szenografie, so beschäftigen sich aktuelle theoretische Bestrebungen damit, die Szenografie aus der Nomenklatur der Black Box zu befreien und einen übergeordneten Raumbegriff zu öffnen. Das Interesse gilt der Verschiebung von der Verortung im Theater hin zu einem zeitgenössischen Raumdiskurs.

„Ursprünglich als Terminus für das (Be-)Malen der ‚Skene' – also des Bühnenhintergrundes – im antiken griechischen Theater verwendet, machen wir heute eine Vielzahl von parallel verwendeten Definitions- und Beschreibungssträngen von Szenografie aus, die jeweils von der Anschauung und Reflexion szenografischer Praxis gespeist sind, oft jedoch einem Genre (meist Theater und/oder Ausstellung/Museum) verhaftet bleiben", schreiben Thea Brejzek, Gesa Müller von der Haegen und Lawrence Wallen.[13]

Als Raumpraxis und Raumtheorie verstanden, wird heute unter Szenografie die Auseinandersetzung mit räumlicher Gestaltung, in die sich „inszenatorische, narrative und transformative Grundmuster (Aspekte)"[14] einschreiben, subsumiert.

Längst ist nicht nur das Theater alleine Austragungsort der szenografischen Praxis. Sie findet im Schnittpunkt von Design, Kunst, Wissenschaft und Alltag statt und findet ihre Manifestationen in Theater, Architektur, Ausstellungsraum und medialer Repräsentation.

Als transdisziplinäre Disziplin widmet sich die Szenografie der Konstruktion und dem Erleben des gestalteten Raumes sowie seiner Interpretation in Bezug auf Inszenierungsstrategien, auf Interaktion und Kommunikation und darauf basieren der Theoriebildung.[15]

13 Brejzek, Thea / Von der Haegen, Gesa / Wallen, Lawrence: „Szenografie", in: Günzel, Stephan (Hg.): *Raumwissenschaften.* Frankfurt/Main: Suhrkamp. 2009, S.370
Ad „Skene". vgl. auch die von Vilém Flusser am griechischen Theater festgemachte Erläuterung der theatralischen Medien. Flusser, der offensichtlich das griechische mit dem römischen Theater zu verwechseln scheint, schreibt: „Vor der Wand befindet sich ein Halbkreis, die Skene. Es ist der Ort des Senders. Das Senden selbst ist eine Tätigkeit (Drama), und der Sender ein Akteur (Drontes). Über ihm hängt eine Maschine, aus der ein Gott auf die Szene herabstürzen wird, um die Sendung entscheidend zu beenden. Um die Skene herum befindet sich ein weiterer Halbkreis (das Proszenium), auf dem sich die Chöre befinden. Sie sind eine Art Mittelwelt zwischen Sender und Empfänger: sie begleiten die Sendung mit Kommentaren, welche zwar auf die Sendung selbst keinen Einfluss haben, aber vom Empfänger mitempfangen werden (...)" Flusser, Vilém: *Kommunikologie.* Frankfurt/Main: S. Fischer. 2003 (1996), S.280f.

14 Brejzek, Thea / Von der Haegen, Gesa / Wallen, Lawrence: „Szenografie", in: *Günzel, Stephan (Hg.): Raumwissenschaften.* Frankfurt/Main: Suhrkamp. 2009, S.370

15 Vgl. ebd., S.370

Szenografie ist gleichermaßen kulturelle Praxis wie Theorie der Gestaltung *performativer Räume*, wie Erika Fischer-Lichte sie beschrieben hat.[16]

Angesichts der heutigen Omnipräsenz divergenter szenografischer Praxisformen, in einer Gesellschaft der Massenspektakel, der Themenparks, des Spiels und der virtuellen Simulation stellen die vorliegenden Reflexionen jene Inszenierungen in den Mittelpunkt des Interesses, die unmittelbare Zwischenräume der Integration öffnen.

Bei *integrativen Inszenierungen*, so wie sie die vorliegende Arbeit versteht und behandelt, handelt es sich um szenografische Interventionen im erweiterten Raum im Sinne von Michael Wetzel.[17] Wetzel beschreibt den erweiterten Raum als szenischen Raum, an dem *Reflexion, Inversion* und *Torsion* mit spielerischen Mitteln umgesetzt werden können. Der Raum erfährt quasi Wandlung. Blickrichtungen werden neu strukturiert, Blicke werden zurückgeworfen, sie erfahren Brechung, werden umgelenkt. Wetzel beschreibt die Dimension der Rezeption als den *erweiterten Raum* des Werkprozesses. An dessen Konstruktion sind die BetrachterInnen im Rahmen des wechselseitigen Austauschprozesses, den Duchamp als „ästhetische Osmose" bezeichnet hat, durch aktive Wahrnehmungsprozesse beteiligt.[18]

Integrativ sind die Inszenierungen, die Settings und die in ihnen zum Tragen kommenden Strategien zur Interaktion, Kommunikation und Partizipation, zur Definition und Gestaltung des Handlungsspielraums in mehrfacher Hinsicht.[19]

[16] Vgl. Kapitel II.2

[17] Vgl. Wetzel, Michael: „Erweiterter Raum. Inframediale Osmosen zwischen Künstler und Betrachter nach Marcel Duchamp", in: Bohn, Ralf / Wilharm, Heiner (Hg.): *Inszenierung und Ereignis. Beiträge zur Theorie und Praxis der Szenografie.* Bielefeld: Transcript. 2009, S.315ff.

[18] Ebd, S.320

[19] In Bezug auf das integrative Potenzial befassen sich aktuelle Dissertationsvorhaben im Rahmen des Postgraduierten-Programms „Szenografie" an der ZHdK, Zürich beispielsweise mit „Orten interaktiver Information" (Maholo Uchida) oder mit „sozialer Szenografie" (Beat Hächler).
Zum Begriff: „Integration" in der Soziologie, der Rechtslehre, Politikwissenschaft und in der Psychologie vgl. auch Andreas Vlasic, der sich mit der integrierenden Funktion der Massenmedien unter dem Einfluss gesellschaftlicher Veränderungs- und Differenzierungsprozesse auseinandersetzt und ein diesbezügliches Analysemodell entwickelt. – In einer Typologie für die Integrationsfunktion durch Massenmedien benennt Vlasic die zentralen Dimensionen wie folgt:
1) Bereitstellung gemeinsamer Themen/Wissensbasis
2) Ermöglichung von Repräsentation
3) Konstituieren von (politischer) Öffentlichkeit
4) Vermittlung gemeinsamer Normen und Werte
5) Konstruktion von Realität (Lebenswelt, Selbst- und Fremdbeobachtung)
Vgl. Vlasic, Andreas: *Die Integrationsfunktion der Massenmedien.* Wiesbaden: VS Verlag für Sozialwissenschaften/GWV Fachverlage. 2004, S.67
Interessant ist in diesem Zusammenhang, dass sich diese von Vlasic genannten Aspekte mit wesentlichen Merkmalen der integrativen Inszenierungen decken. Aktuell (im konkreten physischen Raum) und virtuell (via gezielter, medialer Positionierung) platzieren die integrativen Inszenierungen Themen, etablieren Gesprächsstoffe, ermöglichen den einzelnen AkteurInnen Präsenz (wobei sie repräsentative Funktionen durch performative Prozesse ersetzen), schaffen Aufmerksamkeit und Öffentlichkeit, stellen den Wertekanon zur Diskussion und befragen die Konstruktion von Realität.

Wesentlich ist diesbezüglich die Tatsache, dass sie auf interdisziplinärer und polyartistischer Basis konstruiert werden und heterogene performative Praktiken, unterschiedlichste künstlerische Hybride in sich vereinen.

Weiters von Interesse ist, dass sie die klassische DarstellerInnen/ZuschauerInnen-Spaltung nicht selten zu Gunsten einer (mit-)gestaltenden AkteurInnen-Position aufgeben und die rezipientenorientierte Produktion gegen die der *Partizipation* im *erweiterten Raum* eintauschen.

Claire Bishop weist darauf hin, dass es seit den 1960er Jahren trotz veränderter Kontexte Kontinuitäten in Bezug auf partizipative Praktiken in der Kunst gibt. Sie stellt fest, dass in der theoretischen Auseinandersetzung die Themenschwerpunkte „activation – authorship – community" Beachtung finden. Einerseits gilt dem Wunsch, ein aktives Subjekt zu schaffen, das durch die physische und symbolische Partizipation in seinem Sein bestärkt wird und das in Folge befähigt ist, seine eigene soziale und politische Rolle zu gestalten, das Interesse. Weiters ginge es um die Autorschaft, deren teilweise oder gänzliche Aufhebung zu einem kollaborativen, kreativen Prozess führe, der auf nicht-hierarchischen sozialen Modellen basiere und diese wiederum begünstige. Dies berge Risiken und ermögliche mitunter unerwarteten ästhetischen Gewinn. Schließlich würden sich die Überlegungen laut Bishop oftmals in Bezug auf Gesellschaft und kollektive Verantwortung mit dem Thema der Partizipation in der Kunst auseinandersetzen. Bishop weist darauf hin, dass es signifikant sei, dass diese drei genannten Aspekte bereits in Guy Debords *Gesellschaft des Spektakels* auftauchten.[20]

Kritik am Begriff der Partizipation und dessen Verwendung kommt von Robert Pfaller, der 1996 den Begriff der „Interpassivität"[21] prägte. Er stellt fest, dass es sein

[20] Bishop, Claire. *Participation*. London: Whitechapel; Cambridge, Mass: MIT Press. 2006, S.13
In diesem Zusammenhang sei auch auf Nicolas Bourriauds Beschreibung der „Relational Art" sowie Claire Bishops Kritik an seiner Argumentation verwiesen. Bourriaud beschreibt die „Relational Art" als Kunstpraxis, die ihren theoretischen Hintergrund nicht aus der Behauptung eines unabhängigen und privaten, symbolischen Raums generiert, sondern ihre Möglichkeit aus dem Bereich der zwischenmenschlichen Interaktionen und dem sozialen Kontext, in den sie sich einschreiben, bezieht. Dies verweist laut Bourriaud auf einen radikalen Wandel der ästhetischen, kulturellen und politischen Ziele, wie sie die moderne Kunst geprägt hatten. Bishop stellt fest, dass es nur folgerichtig wäre, zu fragen, für wen und zu welchem Zweck diese zwischenmenschlichen Relationen hergestellt werden und wie sie aussähen. Sie kritisiert, dass die Relationen, die die relationale Ästhetik herstelle, nicht per se demokratisch seien, wie dies Bourriaud nahelegt. Außerdem verweist Bishop darauf, dass seine Annahmen von einem Ideal des Subjekts und der Gemeinschaft als Ganzes ausgingen.
Vgl. Bourriaud, Nicolas: *Relational Aesthetics*. Paris: les presses du réel. 2002, S.14
Vgl. Bishop, Claire: „Antagonism and Relational Aesthetics", in: *October*, Fall 2004, Nr. 110, S.65, 67

[21] Was für ihn hieß: „(...) nicht weniger als eine Grundannahme in Frage zu stellen, die von den meisten emanzipatorischen Bewegungen seit 1968 unhinterfragt vorausgesetzt wurden: dass Aktives besser sei als Passives, Subjektives besser als Objektives, Eigenes besser als Fremdes, Immaterielles besser als Materielles, Konstruiertes besser als Essenzielles, etc." Vgl. Pfaller, Robert: *Ästhetik der Interpassivität*. Hamburg: Fundus, Philo Fine Arts. 2009, S.11

könnte, dass der Begriff „inzwischen auf theoretischer Ebene, so wie alle hohlen Phrasen, bloß dazu dient, Lösungen vorzuspiegeln, wo erst Probleme präzise gestellt werden müssten, um lösbar zu werden; und dass er auf praktischer Ebene eine Falle ist, insofern er genau das als Lösung und Befreiung ausgibt, was in Wahrheit das Problem selbst ist – nämlich eine Form der perfiden Indienstnahme von Individuen unter spätkapitalistischen Bedingungen".[22]

Pfallers Argumentation richtet sich nicht gegen partizipative Kunst, sie richtet sich gegen das „spontane philosophische Programm der Partizipation", die als „Blocker" das Selbstverständnis der künstlerischen Praxis behindert.[23]

Die integrativen Inszenierungen sind sich dieser Problematik bewusst. Sie befragen die Logik des Systems, in dem sie sich positionieren und in das sie sich einschreiben. Und sie setzen auf verschiedenste Formen der Publikumsbeteiligung. BetrachterInnen werden zu AkteurInnen, die aktiv an der Konstruktion und Interpretation des aktuellen Raumes (des physischen, sozialen, künstlerischen, narrativen etc.) beteiligt sind.

Im Sinn von De Certeau und seinen Ausführungen in *Die Kunst des Handelns*[24] rückt das aktive Rezeptionsmoment in den Vordergrund. Die BetrachterInnen werden von KonsumentInnen zu ProduzentInnen, die die Inszenierung maßgeblich prägen, mit Inhalten füllen und mit Bedeutung aufladen. Als GestalterInnen bauen sie im Rahmen der integrativen Inszenierung an ihren Identitäten und am unmittelbaren Erlebnisraum mit.

Integrative Inszenierungen unterscheiden nicht zwischen Alltagsraum, Kunstkontext, so genannter Hochkultur oder Popkultur. Alles ist ihnen Bühne, wird zum potenziellen Ort des Geschehens. Die Unterscheidung von E und U existieren für sie nicht, ihre Inszenierungsstrategien sind subversiv, bisweilen auch bewusst affirmativ. Sie sind sich des Systems des kulturellen Feldes und seiner Funktionsweise bewusst. Gekonnt setzen sie auf die Strahlkraft medialer Verstärker, ihre Einbettung in den Medienverbund ist oftmals wesentlicher Teil ihrer Strategie. Um angesichts des dauerhaften medialen Rauschens in der Eventgesellschaft Aufmerksamkeit zu lukrieren, setzen sie nicht selten auf die perfekte mediale Inszenierung, das Spiel mit – noch verbliebenen – gesellschaftlichen Tabus, einen handfesten Skandal.

Integrative Inszenierungen sind an innovativen Formaten und Experimenten interessiert. Gerne verlassen sie den Weg des behaglich Vertrauten, des Tradierten und klar Konnotierten. Das Scheitern ist eine Möglichkeit, kein Hindernis für sie.

Einen wesentlichen Anteil ihres integrativen Potenzials erfahren diese Inszenierungen dadurch, dass sie Brücken bauen, um Wissensgesellschaft und Erfahrungsgesellschaft zu verbinden. Sie begünstigen Primärerfahrungen, sie irritie-

[22] Ebd., S.308

[23] Ebd., S.310

[24] Vgl. De Certeau, Michael: *Die Kunst des Handels*. Berlin: Merve. 1998

ren, stellen Fragen, ermöglichen synästhetisches Erleben, faszinieren und laden zur partizipativen Teilhabe ein.[25]

Angesichts der Inflation, die der Begriff *Inszenierung* in den letzten zwei Dekaden nicht nur im gestalterischen und darstellenden Bereich, sondern vor allem auch im Feld des Sozialen, der sozialen Interaktion, der Politik, der Kultur und der Medien, gerade auch hinsichtlich einer *Ökonomie der Aufmerksamkeit* im Sinne Georg Francks, erfahren hat, sei an dieser Stelle auf Martin Seel und seine Begriffsdefinition verwiesen. Sie bildet gleichsam die Voraussetzung und die Basis für die Verwendung des Terminus im vorliegenden Fall sowie für seine Anwendung hinsichtlich der integrativen Inszenierungen.

Seel definiert Inszenierung als ein „auffälliges Herstellen und Herausstellen einer Gegenwart von etwas, das hier und jetzt geschieht, und das sich darum, weil es Gegenwart ist, jeder auch nur annähernd vollständigen Erfassung entzieht".[26]

Künstlerische Inszenierungen „*produzieren* Präsenz nicht allein, sie präsentieren Präsenz", stellt Seel fest.[27]

Seel trifft weiters die Aussage, dass Inszenierungen „1. absichtsvoll eingeleitete oder ausgeführte sinnliche Prozesse sind, die 2. vor einem Publikum dargeboten werden und zwar 3. so, dass sich eine auffällige spatiale und temporale Anordnung von Elementen ergibt, die auch ganz anders hätte ausfallen können".[28]

Jeder Inszenierung liegt ein Initial zugrunde, das komplexe Ereignisfolgen produziert. In der Absicht, ein Geschehen zu erzeugen, nimmt ein bestimmtes Resultat temporäre Form an. Maßgeblich hierfür ist, die Präsentation vor AdressatInnen, die Rezeption der *Sinnlichkeit von Inszenierungen* (der visuellen, auditiven, olfaktorischen Reize) durch ein mehr oder weniger großes Publikum. Inszenierungen finden mit Bezug auf Raum und Zeit statt. Ereignishaft treten, wie Benjamin es für die Dialektik des Bildes formuliert, „Gewesenes und Jetzt blitzhaft zu einer Konstellation"[29] zusammen. Simultan entfaltet sich Sichtbares, Hörbares, Spürbares im Hier und Jetzt.

[25] Was Heiner Wilharm und Ralf Bohn in Bezug auf Szenografie feststellen, gilt im Besonderen für die KulturpraktikerInnen, die für die integrativen Inszenierungen verantwortlich zeichnen: „Der Szenograf, der sich weder zum Büttel von Medientools noch zum Manager bloßer Direktiven machen lassen will, verspricht den Riss zwischen Technikbeherrschung in einem lange schon industrialisierten Designprozess und kreativen Widerstand im alltäglichen Interaktions- und Kommunikationskontext erfahrbar zu machen."
Vgl. Bohn, Ralf / Wilharm, Heiner (Hg.): *Inszenierung und Ereignis. Beiträge zur Theorie und Praxis der Szenografie.* Bielefeld: Transcript. 2009, S.10

[26] Vgl. Seel, Martin: „Inszenieren als Erscheinenlassen. Thesen über die Reichweite eines Begriffs", in: Früchtl, Josef / Zimmermann, Jörg (Hg.): *Ästhetik der Inszenierung*, Frankfurt/Main: Suhrkamp. 2001, S.53

[27] Ebd., S.58

[28] Ebd., S.48ff.

[29] Benjamin, Walter: *Das Passagen Werk. Gesammelte Schriften (Bd.5).* Frankfurt/Main: Suhrkamp. 1991, S. 578

Prozesse treten in Erscheinung, „Produktion von Präsenz" im Sinne Gumbrechts[30] findet statt, und die phänomenale Fülle entfaltet sich zwischen Wiederholung und Differenz.

Das Inszenierte hebt sich vom Nicht-Inszenierten ab. Es erfährt eine Rahmung. Durch den Rahmen geraten das Arrangement, der Raum, die Objekte, die Handlung in den Fokus der Aufmerksamkeit. Der Rahmen wirkt allerdings auch trennend. Er markiert eine Grenze.

Richard Shusterman weist darauf hin, dass der Effekt, der das Eingerahmte tendenziell „entwirklicht", nicht nur hinter der ästhetischen Tradition der Trennung von Kunst und Wirklichkeit steht, sondern auch den Ansatzpunkt des ästhetischen Historismus bildet.[31]

Die integrativen Inszenierungen ermöglichen einerseits intensiviertes Empfinden, sie erlauben veränderte Wahrnehmung und neue Erfahrungen. Andererseits sind sie an der – zumindest temporären – Überwindung von konventionellen (fiktionalen und symbolischen) Rahmungen und der Aufhebung der Dichotomie von Alltag und Kunst interessiert. Das Spiel mit der Inszenierung selbst, das Auflösen der Grenzen zwischen inszenierter Wirklichkeit und nicht inszenierter Wirklichkeit wird mitunter zu einem wesentlichen Motiv der integrativen Inszenierungen.

Die integrativen Inszenierungen betreiben eine „ansteckende Intensität ästhetischer Erfahrungen" und arbeiten an der „Befreiung von affektiven Hemmungen"[32] und intellektuellen Blockaden, im Sinne einer Idee der Lebenskunst.

[30] Den Terminus „Produktion der Präsenz" führt Gumbrecht bereits in seinem Text „Produktion von Präsenz, durchsetzt mit Absenz. Über Musik, Libretto und Inszenierung" 2001 ein. Vgl. Gumbrecht, Hans Ullrich, in: Früchtl, Josef / Zimmermann, Jörg: *Ästhetik der Inszenierung. Dimensionen eines künstlerischen, kulturellen und gesellschaftlichen Phänomens.* Frankfurt/Main: Suhrkamp. 2001, S.63ff. Gumbrecht geht es in weiteren Ausführungen um Phänomene der *Präsenz* und ihre Sinnlichkeit. Er plädiert für eine Hinwendung zum unmittelbaren Erleben der Dinge, jenseits des Hinterfragens nach Sinn und Bedeutung. – In Bezug zur *Präsenz* merkt er an: „Das Wort „Präsenz" bezieht sich nicht (jedenfalls nicht hauptsächlich) auf ein zeitliches, sondern auf ein räumliches Verhältnis zur Welt und zu den Gegenständen. Was „präsent" ist, soll für Menschenhände greifbar sein, was dann wiederum impliziert, daß es unmittelbar auf menschliche Körper einwirken kann." Vgl. Gumbrecht, Hans Ullrich: *Diesseits der Hermeneutik.* Frankfurt/Main: Suhrkamp. 2005, S.10f.

[31] Vgl. Shusterman, Richard: „Tatort: Kunst als Dramatisieren", in: Früchtl, Josef / Zimmermann, Jörg: *Ästhetik der Inszenierung. Dimensionen eines künstlerischen, kulturellen und gesellschaftlichen Phänomens.* Frankfurt/Main: Suhrkamp. 2001, S.141

[32] Ebd., S.143

I. RAUMREFLEXIONEN

I.1. ZURÜCK ZUM RAUM

Der Raum hat Hochkonjunktur. Der Begriff und das Denken über Räume liegen in den verschiedensten Wissenschaftsdisziplinen und seit über zwei Jahrzehnten auch in den deutschsprachigen Ländern in den Sozial- und Kulturwissenschaften im Trend.

Der *spatial turn*[33] Ende der 1980er Jahre habe, laut dem Historiker Karl Schlögel, vor Augen geführt, dass „nicht alles Zeichen, Symbol, Simulacrum, Text ist, sondern Stoff, Materie, Baumaterial (...)".[34]

Der *spatial turn* markiert demgemäß ein Abwenden von der rein abstrakt-theoretischen intellektuellen Textproduktion, eine Rückkehr zum Feststofflichen. Die Wiederentdeckung der materiellen Welt zog eine Befragung der spezifischen Begrifflichkeit und des Raumdenkens mit sich. Raum und alles, was mit ihm in Verbindung stand, war laut Schlögel im deutschen Diskurs nach dem Nationalsozialismus zum Tabu geworden.

Der Nationalsozialismus hatte durch Herrschaftsideologie, Territorialdenken und Expansionspolitik das gesamte raumspezifische Vokabular „aufgesogen oder zumindest kontaminiert".[35]

Was in den letzten Jahrzehnten auf dem Programm stand, war gleichsam eine Entnazifizierung des Raumdenkens und seiner sprachlichen Begrifflichkeiten.

Martina Löw, die eine Soziologie des Raumes formulierte, weist darauf hin, dass es noch in den 70er Jahren des 20. Jahrhunderts vielfach als reaktionär galt, sich mit dem Raum zu beschäftigen, galten doch Zeit und Fortschritt als Themen der Zukunft. Raum war nicht nur mit der Vorstellung des Starren verbunden, sondern weit über die Grenzen Deutschlands hinaus mit den geopolitischen Argumentationen der NS-Diktatur verknüpft, was zu einer Abkehr von der theoretischen Auseinandersetzung mit Raumphänomenen führte.[36]

33 Der *spatial turn* wurde bisweilen auf Michel Foucaults Vortrags-Typoskript „Andere Räume" (1964) zurückgeführt, andererseits auch mit Edward Sojas *Postmodern Geographies* (1989) in Zusammenhang gebracht.

34 Schlögel, Karl: „Kartenlesen, Augenarbeit", in: Kittsteiner, Heinz-Dieter (Hg.): *Was sind Kulturwissenschaften? 13 Antworten.* München: Fink. 2004, S.262

35 Schlögel, Karl: *Im Raume lesen wir die Zeit. Über Zivilisationsgeschichte und Geopolitik.* München: Hanser. 2003, S.52

36 Vgl. Löw, Martina: *Raumsoziologie.* Frankfurt/Main: Suhrkamp. 2001, S.11f.

Mittlerweile habe der *spatial turn* zu einer regelrechten „Verräumlichung der Kultur geführt“, so die Kulturgeografin Julia Lossau. Das theoretische Interesse, das seit jeher dem physischen Raum im Allgemeinen, seiner Repräsentation, Interpretation und Zeichenhaftigkeit gegolten hat, gilt nun seit längerem und vermehrt der Frage nach dem Zusammenspiel von Materialisierung des Raums und den sich im Wandel befindlichen soziokulturellen Wirklichkeiten und deren räumlichen Manifestationen.[37]

An dieser Stelle sei noch einmal auf Schlögel verwiesen. Es ist Rainer Lindner, der feststellt, dass der von Schlögel konstatierte *spatial turn* nicht bloß als Mode missverstanden darf. Vielmehr gehe es Schlögel um nicht weniger als um eine Wende in der Geschichtsschreibung selbst. Es gehe darum, die Sinne zu verwenden, um die Mehrdimensionalität des kulturhistorischen Raumes zu erfassen.[38]

Der Untersuchungsraum der Kulturgeschichte umfasst, wie Lindner zusammenfasst, folgende Räume: den visuellen Raum mit seinen normativen Inszenierungen, seinen Repräsentationen von sozialer, ethnischer und politischer Realität, den akustischen Raum und den transzendierten Raum der Religion und Ideologie, und schließlich den Weltraum als realen Bewegungsraum und politisch-ideologische Projektionsfläche.[39]

Auch ein weiterer kulturgeschichtlicher Raum erfährt derzeit eine wissenschaftliche Renaissance: der des Geruchs.

So fand zuletzt beispielsweise im Frühjahr 2009 an der Universität Wien ein interdisziplinäres Symposion mit dem Titel: „Olfaction and the City“ statt, bei dem Stadtraum und Geruch im Mittelpunkt des Interesses standen.[40]

[37] Vgl. Lossau, Julia: „Räume von Bedeutung. Spatial Turn, cultural turn und Kulturgeographie“, in: Csáky, Moritz / Leitgeb, Christoph (Hg.): *Kommunikation – Gedächtnis – Raum. Kulturwissenschaften nach dem „Spatial Turn“*. Bielefeld: Transcript. 2009, S.31f.

[38] Vgl. Lindner, Rainer: „Osteuropäische Geschichte als Kulturgeschichte“, auf: http://www.vifaost.de/texte-materialien/digitale-reihen/handbuch/handb-kult-gesch/ (6.3.2010)

[39] Ebd.

[40] Vgl. http://www.univie.ac.at/tastduftwien/ Außerdem ist diesbezüglich ein WWTF-Projekt von Interesse: *Tast- und Duftdesign. Ressourcen für die Creative Industries in Wien: Haptic and Olfactory Design. Resources for Vienna's Creative Industries 2007–2010.* „Das Projekt untersucht am Beispiel von Wien, wie Materialien und Gerüche zur Stadtidentität beitragen, welche Wirkungen sie auf die Befindlichkeit und die Lebensqualität der Stadtbewohner haben und wie diese von Designern und Architekten eingesetzt werden, um eine bestimmte angenehme Atmosphäre zu schaffen.“
(zit.: http://www.univie.ac.at/tastduftwien/inzwischen.html) (6.3.2010)

I.2 HANDLUNGSTHEORIE ALS MITTEL DER DEUTUNG

In Bezug auf Situatives und die AkteurInnen ist die philosophische Handlungstheorie, bei aller Kritik aus mechanistisch naturwissenschaftlicher Perspektive, gerade hinsichtlich der Handlung als Phänomen, das ein komplexes Zusammenspiel von Reflexion, Intention und Aktion voraussetzt, für das Verständnis und die Funktionsweise der integrativen Inszenierung von Interesse.

Ein wesentliches Moment der integrativen Inszenierung ist die Interaktion, das Schaffen eines Kommunikationsangebots, die Konstruktion eines Kommunikationsraumes, der partizipatives Handeln begünstigt.

Bereits Aristoteles beginnt seine *Nikomachische Ethik* mit einer Begriffsdefinition von *Handlung* und *Ziel*. Im Mittelpunkt steht bei Aristoteles die Frage, wie ein glückliches Leben zu führen ist.

„Jedes praktische Können und jede wissenschaftliche Untersuchung, ebenso alles Handeln und Wählen, strebt nach einem Gut“[41], schreibt Aristoteles im ersten Satz der Abhandlung. Dieses Gut ist das Glück, und der Glückseligkeit gilt das menschliche Handeln. Die höchste Glückseligkeit ist der *bios theoretikos*, die *vita contemplativa*, wie die Römer es nannten: das in bewusste Betrachtung versunkene Leben.

Während bei Aristoteles die Ruhe der Normalzustand der Dinge ist, wird im Raumdenken Newtons die Ruhe zum Sonderfall. Die Bewegung ist die Regel. Körper ruhen zumeist, wenn sie dies überhaupt tun, lediglich in Bezug auf den relativen Raum. Im absoluten Raum ist alles in Bewegung. Zur Beschreibung der Bewegung ist der leere Raum wesentliche Vorraussetzung.[42]

Maßgeblich geprägt hat die Raumkonzeptionen das Verständnis des Raumes als „Behälter“, als „Container“. Wissenschaftsgeschichtliche Untermauerung dafür war die Newtonsche Konzeption des „absoluten Raumes“.[43] Der Raum wird als losgelöst von der ihm innewohnenden Materie gedacht, außerhalb jeglichen sozialwissenschaftlichen Interpretationsrahmens. Dem Raum sind in diesem Modell hinsichtlich des Sozialen Grenzen gesetzt.

Erst mit den relativistischen Raumtheorien im Rahmen der Naturwissenschaften und später den Sozialwissenschaften wird der Dualismus von Raum und Materie überwunden. Der Raum, in der Physik beispielsweise als Universum gedacht, wird in der Soziologie zum „sozialen Raum“. Die Phänomene, die beobachtet werden,

41 Aristoteles: *Nikomachische Ethik*. Stuttgart: Reclam. 2003

42 Vgl. diesbezüglich: Dünne, Jörg / Günzel, Stephan (Hg.): *Raumtheorie. Grundlagentexte aus Philosophie und Kulturwissenschaften*. Frankfurt/Main: Suhrkamp. 2006, S.25. – Dünne und Günzel verweisen in diesem Zusammenhang auf Newtons *Prinzipien*.

43 Vgl. diesbezüglich auch: Löw, Martina. *Raumsoziologie*. Frankfurt/Main: Suhrkamp. 2001, S.25

mit denen man sich beschäftigt, von denen man Theorien ableitet oder denen man Theorien zuschreibt, finden, soviel lässt sich sagen, auf der Erde statt.

Mehr als zwei Jahrtausende nach Aristoteles definiert der Sozialphilosoph Johannes Heinrichs Handeln „als Praxis im Sinne der Veränderung der Wirklichkeit vom Subjekt her".[44]

Heinrichs entwirft gleichermaßen eine Phänomenologie potenzieller „Handlungsgattungen" und ein „Periodensystem der Handlungsarten". Er unterscheidet zwischen „physisch-objektivem Handeln", „innersubjektivem Handeln", „sozialem Handeln (Interaktion)" und „medialem Handeln".[45] Im Gegensatz zu Jürgen Habermas und seinen in der Diskurstheorie der Gesellschaft aufgestellten Überlegungen unterscheidet Johannes Heinrichs Handlung und Sprache.

Gemäß der eigenen Überzeugung bewegt sich und handelt das Subjekt, um eine angestrebte Veränderung in der Außenwelt herbeizuführen. Die Sprache ist wesentliches Moment, sie ist allerdings a priori nicht Bedingung für den Handlungsimpuls.

Raum entsteht erst durch die Beziehung zwischen Objekten. Physische und soziale Räume stehen in Interdependenz und können als Manifestation des jeweils anderen gelesen werden. Körper, Objekte und Handlungen lassen den Raum als „prozesshafte und wandelbare Größe in den Blick" treten. „Im Raum materialisieren sich mithin soziale Prozesse und Strukturen, und als ein solches soziales Artefakt wirkt der Raum dann wiederum auf diese sozialen Prozesse und Strukturen zurück"[46], schreibt der Soziologe Sighard Neckel. Er betont, dass das Handeln der AkteurInnen den Raum konstituiert und dass sich Geschichte in den Raum einschreibt, wobei die Materialität des Raumes immer schon objektiv gegeben scheint.

Auch im Rahmen der integrativen Inszenierung manifestiert sich – individuelle, wie kollektive – Handlung. Im kausalen Zusammenhang von Ursache und Wirkung und in komplexer, dynamischer Interaktion unterschiedlichster Faktoren nimmt sie gemäß dem Aktionsradius im physischen Raum Form an.[47]

Die angewandte integrative Inszenierung schafft optimale Voraussetzungen dafür, Handlungsintentionen zu begünstigen, die innersubjektive wie auch objektbezogene Reflexion zu unterstützen, den sozialen Aspekt (den interpersonellen Austausch) und das Ausdruckshandeln zu fördern.

[44] Heinrichs, Johannes: *Reflexionstheoretische Semiotik, Teil 1: Handlungstheorie. Strukturalsemantische Grammatik des Handelns.* Bonn: Bouvier Verlag. 1980, S.24

[45] Ebd., S.50

[46] Neckel, Sighard: „Felder, Relationen, Ortseffekte: Sozialer und physischer Raum", in: Csáky, Moritz / Leitgeb, Christoph (Hg.): *Kommunikation – Gedächtnis – Raum. Kulturwissenschaften nach dem „Spatial Turn".* Bielefeld: Transcript. 2009, S.47

[47] Vgl. diesbezüglich auch: Eco, Umberto: *Im Labyrinth der Vernunft. Texte über Kunst und Zeichen.* Leipzig: Reclam. 1990, S.132

I.3 HANDLUNGSFELDER

Sighard Neckel greift Bourdieus Begriff des *Feldes*[48] auf, um Handlungsräume zu definieren, die als Verhältnisse von AkteurInnen und Objekten Form annehmen. Kultur wird demgemäß als Kommunikationsraum verstanden, in dem Lebenswelt und Machtverhältnisse verhandelt werden. Dieser Kulturbegriff unterscheidet nicht zwischen Leitkultur, Hoch-, Popkultur, E und U oder national geographisch orientierten Vorstellungen und Konzepten von Kultur und Raum. „Dieser dynamische, performative, relationale und entgrenzte Kommunikationsraum bietet Individuen und Gruppen die Möglichkeit, sich in einem gesellschaftlichen Kontext immer wieder neu zu orientieren (Kultur als Bedeutungssystem)."[49]

Bourdieu geht in seinem theoretischen Denken der Frage nach, mit welchen Konsequenzen AkteurInnen tatsächlich miteinander in Interaktion und in Kooperation treten, wie sie Grenzen ziehen, kurz: wie sie die soziale Praxis gestalten. Er betrachtet den sozialen Raum als eine aus Beziehungsmustern bestehende Sozialordnung und rückt die einzelnen Elemente und ihre Verbindung zu den anderen Elementen in den Mittelpunkt seines sozialtheoretischen Raumbegriffs.[50] Besonderes Augenmerk liegt bei Bourdieu auf der Wechselwirkung von sozialem Raum und physischem Raum in Bezug auf Machtverhältnisse und soziale Ungleichheit.

[48] „Ein Feld ist ein strukturierter gesellschaftlicher Raum, ein Kräftefeld – es gibt Herrscher und Beherrschte, es gibt konstante, ständige Ungleichheitsbeziehungen in diesem Raum –, und es ist auch eine Arena, in der um Veränderung oder Erhaltung dieses Kräftefelds gekämpft wird." Aus: Bourdieu, Pierre: *Über das Fernsehen*. Frankfurt/Main: Suhrkamp. 1998 (1996), S.57
Vgl. hierzu auch Bourdieu, Pierre: „Über einige Eigenschaften von Feldern", in: Bourdieu, Pierre: *Soziologische Fragen*. Frankfurt/Main: Suhrkamp. 1993, S.107ff.

[49] Csáky, Moritz / Leitgeb, Christoph: „Kommunikation – Gedächtnis – Raum: Orientierung im *spatial turn* der Kulturwissenschaften", in: Csáky, Moritz / Leitgeb, Christoph (Hg.): *Kommunikation – Gedächtnis – Raum. Kulturwissenschaften nach dem „Spatial Turn"*. Bielefeld: Transcript. 2009, S. 8

[50] Vgl. hierzu: Neckel, Sighard: „Felder, Relationen, Ortseffekte: Sozialer und physischer Raum", in: Csáky, Moritz / Leitgeb, Christoph (Hg.): *Kommunikation – Gedächtnis – Raum. Kulturwissenschaften nach dem „Spatial Turn"*. Bielefeld: Transcript. 2009, S. 48. Neckel verweist diesbezüglich auch auf: Barlösius, Eva: *Kämpfe um soziale Ungleichheit. Machttheoretische Perspektiven*, Wiesbaden: Verlag für Sozialwissenschaften. 2004, S.118ff.

I.4 BESETZTE RÄUME

„Ein besetzter Raum lässt Atmosphäre entstehen", schreibt Niklas Luhmann in *Die Kunst der Gesellschaft.*[51] In Relation zu den einzelnen Dingen, die Raum einnehmen, ist Atmosphäre jeweils die andere Seite der Form der Dinge. Das, was bei ihrem Verschwinden mitverschwindet, ist das Atmosphärische, und daher ist es gemäß Luhmann auch nicht greifbar.

„Atmosphäre ist gewissermaßen ein Überschusseffekt der Stellendifferenz", so Luhmann. Die Dinge nehmen Stellen ein, besetzen diese. Und sie schaffen Umgebungen, die nicht sie selbst sind, die ohne das sie konstituierende Ding aber auch nicht existieren würden. Atmosphäre ist somit das „Sichtbarwerden der Einheit der Differenz, die den Raum konstituiert", was soviel bedeutet wie das Sichtbarmachen der Unsichtbarkeit des Raumes als „Medium für Formbildung".[52]

Für den deutschen Philosophen Gernot Böhme gehört die Atmosphäre nicht zum Subjekt und nicht zum Objekt. Sie ist für ihn eine Kopräsenz diesseits der Spaltung von Subjekt/Objekt. Die Atmosphäre ist im Raum präsent, sie ist Träger von Stimmungen und kann nur durch Erfahrung ergründet werden, wobei Affekte eine wesentliche Rolle spielen.

Das Erspüren einer bestimmten Atmosphäre ist für Böhme primär wahrnehmungsimmanent. Er unterscheidet im Wesentlichen zwischen gesellschaftlichen Determinanten (z. B. statusbedingten Manifestationen), die Atmosphären prägen, und synästhetischen (Temperatur, Gerüche, Lichtverhältnisse) wie kommunikativen, sowie Bewegungsmomenten.[53]

Im Gegensatz dazu beharrt F. J. J. Buytendijk in *Über die gelebte Wirklichkeit des Atmosphärischen* auf der Unterscheidung von Stimmung und Atmosphäre. Letztere bezeichnet er als „unpersönliche Wirklichkeit, verwandt der Physis in der Antike, an der der Mensch teilhat".[54]

Fest steht, dass Atmosphärisches Räume unmittelbar charakterisiert. Es wirkt rück und prägt die individuelle Wahrnehmung, Emotion und Interpretation von Räumen und ihren physischen Gegebenheiten.

„Wenn Atmosphärisches nun auch weder im erklärenden noch im deskriptiv-phänomenologischen Verstehen im Sinne von JASPERS objektivierbar ist, so ist es darum doch *qualifizierbar.* Dies vor allem dort, wo es als Medium der Intersubjektivität spürbar wird", führt der an der phänomenologischen Psychologie geschulte Psychiater Hubert Tellenbach aus. Und er setzt fort:

[51] Luhmann, Niklas: *Die Kunst der Gesellschaft.* Frankfurt/Main: Suhrkamp. 1997, S.181

[52] Ebd., S.181

[53] Böhme, Gernot: *Atmosphären. Essays zur neuen Ästhetik.* Frankfurt/Main: Suhrkamp. 1995, S.96

[54] Buytendijk, F.J.J.: *Über die gelebte Wirklichkeit des Atmosphärischen.* In: Tellenbach, Hubert: *Geschmack und Atmosphäre.* Salzburg: Otto Müller Verlag. 1968, S.8f.

„Damit kann in der Benennung der folgenden antagonistischen Qualitäten ein allererster Anfang gemacht werden. In den Qualitäten kommen überwiegend Kriterien der Temperatur, Spannung und Konsistenz zum Ausdruck, die ansonsten für Kriterien der Atmosphäre als Luft gelten.“[55]

Die von Tellenbach aufgelisteten Gegensatzpaare, lauten wie folgt:[56]

schmutzig – schmierig	rein
kühl – frostig	warm – hitzig
geladen – gespannt	gelöst
mager (dünn)	dicht
dumpf – schwül – welk	frisch
eklig – abstoßend	anziehend – behaglich
unheimlich – feindselig – fremd	heimisch – freundlich – vertraut

Es ist offenkundig, dass alle auf der rechten Seite gelisteten, als positiv konnotierte Eigenschaften für die integrative Inszenierung und Räume, die partizipatives Handeln begünstigen, von wesentlicher Bedeutung sind.

Den Begriff des „gestimmten Raums“ von Binswanger[57] aufgreifend, würde es sich, im Fall des Zutreffens all dieser Qualitäten (warm, gelöst, dicht, frisch, anziehend, behaglich, heimisch, freundlich, vertraut) zur näheren Beschreibung sogar anbieten, von einem *perfekt gestimmten Raum* zu sprechen. Oder, ganz im Sinne Bachelards, vom *glücklichen Raum.*

Bachelards phänomenologische Forschungshaltung aufgreifend, würde sich für die Thematisierung und Untersuchung der integrativen Inszenierungen gleichsam der Begriff *Topophilie* anbieten. Diese laufe laut Bachelard darauf hinaus, „den menschlichen Wert der Besitzräume zu bestimmen, der gegen feindliche Kräfte verteidigten Räume, der geliebten Räume“.[58]

[55] Tellenbach, Hubert: *Geschmack und Atmosphäre.* Salzburg: Otto Müller Verlag. 1968, S.63

[56] Ebd., S.63

[57] Vgl. Binswanger, Ludwig: „Das Raumproblem in der Psychopathologie“, in: Ders.: *Ausgewählte Vorträge und Aufsätze,* 2. Bd., Bern: Francke. 1955, S.174ff.

[58] Bachelard, Gaston: *Poetik des Raumes.* Frankfurt/Main: Fischer. 1994 (1957), S.25

I.5 RAUMGEFÜHL

Er sei sich der Phrasenhaftigkeit des Begriffs *Raumgefühl* bewusst, schreibt Adorno, um sich dann einer „Spekulation", wie er sagt, hinzugeben, und eine Analogie herzustellen.

Ausgehend von dem Gedanken, dass das *Raumgefühl* im Visuellen mit dem korrespondieren muss, was im Akustischen das Musikalische heißt, stellt Adorno die Behauptung auf, dass *Raumgefühl* „sich etwas aus dem Raum einfallen lasse, nicht etwas Beliebiges im Raum, das gegen diesen indifferent wäre".[59]

Jenseits der Konstruktion ist das Ganze mehr als die Summe seiner Teile. Der Raum und alle Objekte bilden mehr als eine Gesamtheit, sie schaffen einen Mehrwert, ein Gefühl. Das Gefühl wirkt zurück auf den Raum und jedes Element in ihm. Das Gefühl ist einem Raum eigen. Es entfaltet sich und verdichtet sich gleichermaßen im Raum. Das Raumgefühl macht den Raum erfahrbar, es gibt ihm eine Sprache. Es lässt den Raum kommunizieren. Das *Raumgefühl* gibt dem Raum seine Identität.

Der Raum ist nicht nur „ein Ort, mit dem man etwas macht", wie De Certeau feststellt.[60] Der Raum ist auch ein Ort, der etwas mit uns macht. Und er ist, wie Kant bemerkt, ein erster formaler Grund der Sinnenwelt.[61]

Der materielle Raum wirkt auf uns. Er schafft Bedingungen und Möglichkeiten. Er legt Handlungsweisen nahe und er verhindert andere.

Die integrative Inszenierung findet im Bewusstsein statt, dass die Gestaltung des Raums nicht ohne Wirkung bleibt. Sie baut auf die Vielfalt der Parallelhandlungen, Überschneidungen und gegenläufigen Bewegungen. Statt auf einen simplen Determinismus zu vertrauen, ist die integrative Inszenierung sich im Klaren darüber, dass dem Raum selbst mannigfache Möglichkeiten noch nicht ausgeführter Realitätskonstruktionen innewohnen, und dass er als Freiraum, neu definiert, den AkteurInnen bestimmte alternative Verhaltensweisen nahelegt. Der Raum wird somit zum Labor, zum Ort des Experiments, dessen Paradigmen von Mal zu Mal neu ausverhandelt und definiert werden können.

59 Adorno, Theodor W.: „Funktionalismus heute" (1965), in: *Ohne Leitbild. Parva Aesthetica.* Frankfurt/Main: Suhrkamp. 1968, S.119

60 Vgl. De Certeau, Michael: *Kunst des Handelns*, Berlin 1988. S. 217f. De Certeau schreibt: „Der Raum ist ein Geflecht von beweglichen Elementen. Er ist gewissermaßen von der Gesamtheit der Bewegungen erfüllt, die sich in ihm entfalten. Er ist also ein Resultat von Aktivitäten, die ihm eine Richtung geben (...)."

61 Vgl. Kant, Emanuel: „Von dem ersten Grunde des Unterschieds der Gegenden im Raume", in: Vorkritische Schriften bis 1768. Werkausgabe Bd.2, hg. von Wilhelm Weischeider. Frankfurt/Main: Suhrkamp. 1986 (1968), S. 993–1000 [zuerst veröffentlicht in: *Wochentliche Königsbergische Frag- und Anzeigungs-Nachrichten,* 6., 13., 20.2.1768. – Zitiert in: Dünne, Jörg / Günzel, Stephan (Hg.): *Raumtheorie. Grundlagentexte aus Philosophie und Kulturwissenschaften.* Frankfurt/Main: Suhrkamp. 2006, S.79

„Es geht nicht nur darum zu sehen, wie der Raum sozial hergestellt wird, sondern auch darum zu berücksichtigen, was der Raum selbst vorgibt," schreibt der Soziologe Markus Schroer. Und weiter: „Das hat nun nichts mit Raumdeterminismus zu tun, sondern damit, dass räumliche Arrangements nicht ohne Wirkung auf unser Verhalten bleiben. Die Fülle möglicher Verhaltensweisen wird durch den Raum selektiert."[62]

I.6 DIALEKTISCHES ERLEBEN

Otto Friedrich Bollnow spricht, in Anlehnung an E. Minkowski (*Le temps vécu*, Paris 1933) vom „erlebtem Raum", er schreibt:

„Dieser erlebte Raum ist (...) nichts Seelisches, nichts bloß Erlebtes oder Vorgestelltes oder gar Eingebildetes, sondern etwas Wirkliches: der wirkliche konkrete Raum, in dem sich unser Leben abspielt."[63]

Wesentlich ist, dass das Erleben dieses Raumes dialektisch ist. Der Raum gehört auf der einen Seite zum Menschen und ermöglicht gleichsam erst menschliches Leben, wie er auf der anderen Seite Hindernis ist und Bedrohung.

Wenn Bollnow von einer „doppelseitigen Bestimmtheit" spricht, meint er nichts anderes als dass der vom Menschen gestaltete konkrete Raum auf den Menschen zurückwirkt. Mensch und Raumcharakter beeinflussen sich gleichsam wechselseitig.[64]

Der Mensch lebt und arbeitet im Raum, er ist Teil des Raumes. Der Mensch wohnt im Raum. „Wir sind unser Raum", schreibt Bollnow in *Mensch und Raum*.[65] Und Bachelard, der vom Gedächtnis als „Theater der Vergangenheit" spricht, das die konkrete Dauer, die Dauer im Sinne Bergsons nicht registriert, verweist darauf, dass der Raum *alles ist*. Nur mit seiner Hilfe, innerhalb des Raumes fänden wir die „schönen Fossilien der Dauer". In seinen tausend Honigwaben speichere der Raum verdichtete Zeit. Dazu sei der Raum da, schreibt Bachelard.[66]

[62] Schroer, Markus: *Räume, Orte, Grenzen*. Frankfurt/Main: Suhrkamp. 2006, S.177f.

[63] Vgl. Bollnow, Otto Friedrich: *Mensch und Raum*. Stuttgart: Kohlhammer. 1994 (1963), S.19

[64] Bollnow, Otto Friedrich: „Der erlebte Raum", http://www.otto-friedrich-bollnow.de/doc/ErlebterRaumA.pdf, S.16 (1956) (5.3.2010)

[65] Bollnow, Otto Friedrich: „Der Mensch und der Raum", http://www.otto-friedrich-bollnow.de/doc/MenschundRaum.pdf, S.9 (1963) (5.3.2010)

[66] Bachelard, Gaston: *Poetik des Raumes*. Frankfurt/Main: Fischer. 1994 (1957), S.35f.

Ob innerpsychisch oder physisch: der *erlebte* oder *gelebte Raum*, der Raum *in* dem gelebt wird, öffnet *Spielräume* im Sinne Glaserfelds. Als Raum, der bespielt wird, und *in* dem spielerisch neue Herangehensweisen ausprobiert werden können, schafft er neue Möglichkeiten und Perspektiven.

Der Raum als *Spielraum,* als Austragungsort kreativer, sozialer Prozesse, als Gefäß gelebten Lebens, lässt die Hoffnung zu, dass die Weite über die Enge dominiert, das utopische Moment über die die Zukunft negierenden Kräfte.

Die Dialektik der Bollnow'schen „doppelten Gestimmheit" wird zugunsten der aktiven, den Raum gestaltenden, performativen Prozesse verschoben.

Die Organisation des Raumes durch gezielte Interventionen ermöglicht Interaktion, Partizipation und im Idealfall auch Innovation.

Bei Rilke erzeugen die Liebenden „sich gegenseitig unaufhörlich Raum und Weite und Freiheit".[67] Die integrative Inszenierung greift die Idee dieser romantischen Feedbackschleife auf. Ziel ist eine potenzielle Raumkonstruktion, die auf eine sich stets aufs Neue generierende Weite und Freiheit ausgerichtet ist. Horizonterweiterung und das Öffnen von Handlungsspielräumen zeichnen gleichermaßen die integrative Inszenierung aus.

I.7 CODE CONNU

Räume sind codiert. Räume werden mit Bedeutung aufgeladen. Sie erfahren gemäß kultureller Codes Deutung. Gesellschaftliche Ideen und Kanon schreiben sich in sie ein.

Räume werden konstruiert und definiert. Sie werden einem Zweck untergeordnet, hinsichtlich ihrer Funktion gestaltet. Ihre Benutzung und Bespielung prägt sie. Dabei spielen Schauwert und Repräsentation eine wesentliche Rolle. Räume nehmen Funktionen an, können diese verändern und wieder verlieren. Räume wandeln sich.

Die Lesart der konkreten raumspezifischen phänomenologischen Manifestationen ist ideologisch bedingt.

Erika Fischer-Lichte, die sich im Rahmen ihrer *Semiotik des Theaters* mit Räumen, Dekoration und Stimmungen auseinandersetzt, betont diesbezüglich, dass

[67] Rilke, Rainer Maria: *Briefe aus den Jahren 1907–1914*. Leipzig 1939, S.84
Vgl. diesbezüglich auch: Bollnow, Otto Friedrich: „Der erlebte Raum", http://www.otto-friedrich-bollnow.de/doc/ErlebterRaumB.pdf, S.10 (15.3.2010)

die kulturell bedingte Bedeutungszuschreibung Atmosphäre konstitutiert. So besteht beispielsweise Konsens darüber, dass helle Farben positive Werte (Freude, Glück, Harmonie, Wärme) konnotieren, dunkle Farben negative (Tod, Trauer, Kälte, Angst). Die Bühnendekoration fungiere demnach nicht nur als „Zeichen für einen bestimmten Raum, sondern zugleich auch als ein Zeichen für die in diesem Raum vorherrschende Stimmung".[68]

„Um der Entfremdung der gegenwärtigen Gesellschaft entgehen zu können, haben wir nur ein Mittel: *die Flucht nach vorn*: jede alte Sprache wird sofort kompromittiert, und jede Sprache wird alt, sobald sie wiederholt wird."[69]

Was Roland Barthes in *Die Lust am Text* am metaphorischen Raum der Sprache festmacht, lässt sich auch in Bezug auf den physischen Raum und seine Gestaltung denken. „Die Stereotypie ist ein politisches Faktum", so Barthes, „die Hauptfigur ist die Ideologie."[70]

Die gleichen Prämissen, die gleichen Strukturen, der gleiche Sinn: Konsensorientierte Pragmatik, allerorts. Das Resultat ist Wiederholungsarchitektur, das sind Räume, die Visuelles perpetuieren, Synästhetisches negieren und den an sie gestellten Bedürfnissen in keiner Weise entgegenkommen.

Die integrative Inszenierung verlässt ausgetretene Pfade der Doxa, der Konvention und Repräsentation, sie riskiert Atypisches und lässt – ganz im Sinne Barthes – das Paradigma „knirschen", Wollust entstehen und die Regel alt aussehen.[71]

Die integrative Inszenierung schafft Platz für neuen Sinn, für bisher noch nicht Dagewesenes, sie riskiert Irritation und hat keine Angst vor dem Scheitern. Das Mittelmaß stellt für sie keine Bedrohung dar, und kleine Schritte sind für sie auch eine Gangart.

„Der Baum ist in jedem Augenblick etwas *Neues*: die *Form* wird von uns behauptet, weil wir die feinste absolute Bewegung nicht wahrnehmen können", schreibt Barthes und zitiert Nietzsche.[72]

Es gibt so etwas wie „fraktale, tröstliche Bifurkation".[73] Plötzlich bewegt sich etwas. Und ein neuer Ast des Baums entsteht. Ein Ast, mit dem niemand gerechnet hat. – Bisweilen tut es gut, sich auf das Unerwartete verlassen zu können.

68 Fischer-Lichte, Erika: *Die Semiotik des Theaters.* Tübingen: Gunter Narr Verlag. 1998 (1983), S.149

69 Ebd., S.61

70 Barthes, Roland: *Die Lust am Text.* Frankfurt/Main: Suhrkamp. 1974 (1973), S.62

71 Vgl. ebd., S.9

72 Ebd., S.89

73 Gruša, Jiří: „Eine gewisse kreative Zeit" (Im Gespräch mit Paul Divjak), in: Sonderausgabe: *Wiener Zeitung – Prag 1968.* Heinz Hosch. 2008, S.4

I.8 AM NULLPUNKT

Ein Plädoyer für eine *konsequente Denkkonstruktion* in Sachen Architektur hält Derrida in *Am Nullpunkt der Verrücktheit – Jetzt die Architektur*. Wesentlich sei diesbezüglich, sich an die Architektur zu halten. Sie nicht zu zerstören oder irrezuführen, sie zu kritisieren oder diszuqualifizieren. Stattdessen wäre es wichtig, sie wirklich zu denken, sich von ihr genügend abzulösen, um sie durch ein Denken ergreifen zu können, das sich weit über das Theorem hinaus erstrecke und das somit zum Werk werde.[74]

Derrida fordert eine Architektur des Heterogenen, der Unterbrechung, der Nicht-Koinzidenz. Er schreibt: „Weder Architektur, noch Anarchitektur: *Transarchitektur!* Sie setzt sich mit dem Ereignis auseinander, sie bietet ihr Werk nicht Benutzern, Getreuen oder Bewohnern, Betrachtern, Ästheten oder Verbrauchern an, sie beruft sich auf das andere, damit es seinerseits das Ereignis, Zeichen, Pfandzeichen oder *Gegenzeichen erfindet* (...).“[75]

I.9 GRENZÖFFNUNGEN

Bei Heidegger ist der Raum gleichsam offenes Gefäß während des Ausschenkens. Er definiert den Raum als das „wesenhaft Eingeräumte, in seine Grenzen Eingelassene“. Die Grenze ist bei ihm, wie bei den Griechen, nicht etwas, das durch das Aufhören definiert wird, sondern das, wo etwas sein *Wesen beginnt.*[76]

„Der Raum ist ein Schenken. Als Leerung und Räumung gibt der Ausschank das her, was er weder hat, noch besitzt“, schreibt der Philosoph Ralf Rother in Hinblick auf Heidegger. Und weiter: „Die Räumung ist die Freigabe geräumter Orte, an denen ein Gott erscheint. Orte, aus denen die Götter geflohen sind. Orte, an denen das Erscheinen des Göttlichen lange zögert.[77]

Rother weist darauf hin, dass bei Heidegger wie bei Benjamin der Raum auf die Vergänglichkeit des Dings bezogen wird, das den Raum hergibt.

[74] Vgl. Derrida, Jacques: „Am Nullpunkt der Verrücktheit – Jetzt die Architektur“, in: Welsch, Wolfgang (Hg.): *Wege aus der Moderne*, Weinheim: VGA. 1988, S.221

[75] Ebd., S.224

[76] Heidegger, Martin: „Bauen – Wohnen – Denken“ (1951): in: *Vorträge und Aufsätze, Teil 2.* Pfullingen: Neske. 1967

[77] Rother, Ralf: „Raum, Räume, Räumen“, in: Flottmann-Hallen, Stadt Herne / Christof Habres (Hg.): *Hofer Herbert, staub 2.* Wien: Metro Verlag. 2008, S.21f.

„Es sind Trümmer und Bruchstücke, die den historischen Raum zeitigen: Frei räumen. Kein Ort ohne ein Ding. Erst mit den Dingen gibt es Orte, die sie herschenken, an denen sie sich befinden. Erst mit den Dingen gibt es jene Orte, die Gegenden öffnen.“[78]

Ohne Dinge keine Orte, ohne Eingrenzung kein Raum. Während der Ort die Lage definiert, bezeichnet der Raum die Größe und Gestalt.

„So wie wir nicht nicht denken können, können wir uns Raum als Nicht-Raum, als von Orten befreiten Raum, nicht vorstellen. Grenzenlos scheint er sich innerhalb seiner verwischten Konturen auszudehnen, und dennoch werden wir uns diesen Nicht-Raum als irgendeinen geometrischen Körper suggerieren“, schreibt Gerhard Johann Lischka in seinen Überlegungen zum Raum in *Schnittstellen*.[79]

Der Raum entfaltet sich, er dehnt sich aus. Er nimmt Form an, in der Länge, der Breite, der Höhe. Wir erleben den Raum dreidimensional. „Der dreidimensionale Raum ist nicht irgendeine Variante von Raum, sondern Raum ist der Begriff der Dreidimensionalität“, stellt Stephan Günzel, eine Aussage von Hermann Lotze aus dem Jahr 1841 aufgreifend, fest.[80]

Zurück aber zum Territorium diesseits der Grenzen des Begreifens. Zurück zum Denken über den Raum, zur Auseinandersetzung mit dem konkreten physischen Raum. Im Mittelpunkt steht der Raum als Möglichkeit, als Frei- und Zwischenraum, der Handeln und Denken ermöglicht, der, ganz im konstruktivistischen Sinn, Realität schafft.

Der deutsche Soziologe Dirk Baecker, der von Peter F. Drucker den Begriff der *next society* übernommen hat und von der *nächsten Gesellschaft* spricht, schreibt: „Die nächste Gesellschaft, wenn sie sich denn durchsetzt, wird in all ihren Strukturen auf das Vermögen fokussiert sein, einen jeweils nächsten Schritt zu finden und von dort aus einen flüchtigen Blick zu wagen auf die Verhältnisse, die man dort vorfindet. Sie wird sich nicht mehr auf die soziale Ordnung von Status und Hierarchie und auch nicht mehr auf die Sachordnung von Zuständen und ihren Funktionen verlassen, sondern sie wird eine Temporalordnung sein, die durch die Ereignishaftigkeit aller Prozesse gekennzeichnet ist und die jedes einzelne Ereignis als einen nächsten Schritt in einem prinzipiell unsicheren Gelände definiert.“[81]

Im Rahmen der Bewegungen auf unsicherem Terrain nehmen die integrativen Inszenierungen eine wesentliche Rolle ein. Zur Sondierung der Lage, zur Erforschung neuer, veränderter gesellschaftlicher Gegebenheiten, bis dato unbekannter Komponenten und Zusammenhänge.

78 Ebd., S.21

79 Lischka, Gerhard Johann: *Schnittstellen. Das Postmoderne Weltbild.* Bern: Benteli. 1997, S.133

80 Dünne, Jörg / Günzel Stephan (Hg.): *Raumtheorie. Grundlagentexte aus Philosophie und Kulturwissenschaften.* Frankfurt/Main: Suhrkamp. 2006, S.35

81 Baecker, Dirk: *Die nächste Gesellschaft.* Frankfurt/Main: Suhrkamp, 2007, S.8f.

Die integrative Inszenierung etabliert sich, indem sie dokumentiert, wie sie mit den Unsicherheitsfaktoren, die die Verhältnisse produzieren, umgeht. Und möglicherweise ermöglicht sie Erkenntnisprozesse, auf welche die Zivilgesellschaft in den verschiedensten Bereichen zurückgreifen kann.

Um das Mögliche auf das Bearbeitbare zu reduzieren, bedarf es so genannter Kulturformen, formuliert Niklas Luhmann in *Die Gesellschaft der Gesellschaft.*[82] Vielleicht ist die integrative Inszenierung eine Möglichkeit, in unruhigen Zeiten den Finger auf die Wunden der Zeit zu legen, den Status quo zu befragen, mögliche Alternativen aufzuzeigen, zu Erneuerung und Weiterentwicklung und (Selbst-) Organisation der Gesellschaft beizutragen.

[82] Luhmann, Niklas: *Die Gesellschaft der Gesellschaft*. Frankfurt/Main: Suhrkamp. 1997, S.405ff.

II. THEATRALE RAUMORGANISATIONEN

II.1 RAUMERFAHRUNGEN

Max Herrmann weist 1931 darauf hin, dass Bühnenkunst Raumkunst ist. Er beschreibt den theatralen Raum als Kunstraum, der erst durch Verwandlung des Raums Form annimmt. Durch die Transformation in einen andersgearteten Raum schafft ein *Raumerlebnis*, oder, wie Herrmann es spezifiziert: eine Vielzahl von Raumerlebnissen, eine Vielheit möglicher *Raumerfahrungen*. Die Übertragung des dramatischen Textes in den Bühnenraum, im Rahmen dessen das Werk zur Aufführung kommt, ist wesentlicher Faktor der „definitiven Ausgestaltung".[83]

Theater benötigt keinen festen Theaterraum, es kann überall stattfinden. Überall, wo AkteurInnen zusammenkommen, um auf bestimmte Art eine Erfahrung zu machen, kann sich Theater ereignen.

Die kanadische Theaterwissenschafterin Josette Féral hat diese spezifische Übereinkunft, dieses konkrete Verhältnis des Zusammenkommens als eine doppelte Spaltung des Blicks und der damit zustande kommenden Wahrnehmung definiert.[84] Theatralität kann an jedem Ort stattfinden, an dem der Blick Veränderung erfährt. Die Rolle der ZuschauerInnen ist eine aktive. Blickrichtungen organisieren die Raumwahrnehmung und definieren Handlungsverläufe. AkteurInnen beschreiben willentlich oder auch ohne ihr Wissen einen *anderen Raum*, einen der theatralen Erfahrung. Diese entfaltet sich an einem anderen Ort, in einer anderen Zeit. Ort und Zeit der Fiktion. Auf der einen Seite existiert der Alltagsraum (und auch der klassische, abgedunkelte Zuschauerraum ist ein solcher), auf der anderen Seite der Raum, dem die Aufmerksamkeit gilt: der fiktionale Raum.

Gerald Siegmund, der Férals Ausführung aufgreift und weiterdenkt, merkt an: „Wenn sich der Zuschauerblick nicht ungehindert auf den fiktionalen Raum ausrichten kann, dieser andere Raum sich also nicht eindeutig als anderer Raum etablieren kann, vermag der Ort des Zuschauers selbst auffällig zu werden."[85] Der reale Ort selbst gerät ins Blickfeld, er wird „ins Spiel der Blicke integriert und ausgespielt".

83 Herrmann, Max: „Das theatralische Raumerlebnis", ursprünglich erschienen in: *Beilagenheft zur Zeitschrift für Ästhetik und Allgemeine Kunstwissenschaft 25*. 1931, S. 152ff. Wiederveröffentlicht in: Dünne, Jörg / Günzel, Stephan: *Raumtheorie. Grundlagentexte aus Philosophie und Kulturwissenschaften*. Frankfurt/Main: Suhrkamp. 2006, S.501ff.

84 Vgl. Féral, Josette / Bermingham, Ronald P.: „Theatricality: The Specificity of Theatrical Language", in: *Substance*, 31. 2002, S.94ff.

85 Siegmund, Gerald: „In die Geschichte eintreten. Performatives Erinnern bei Rimini Protokoll und Klaus Michael Grüber", in: Csáky, Moritz / Leitgeb, Christoph (Hg.): *Kommunikation – Gedächtnis – Raum. Kulturwissenschaften nach dem „Spatial Turn"*. Bielefeld: Transcript. 2009, S.71

Für Siegmund lässt sich aus der Feststellung des gespaltenen Blicks die Schlussfolgerung ziehen, dass es diesseits einer Spaltung des Raumes in Zuschauende und Darstellende einen gemeinsamen Raum beider Parteien geben muss, in den sich die Theatersituation einschreibt.

Die Überwindung der Grenze zwischen SchauspielerInnen und ZuschauerInnen und das Moment der physischen Involvierung des Publikums hat seine Wurzeln unter anderem bei Artauds Theaterkonzeptionen und seinem Bruch mit dem traditionellen Theater. Bei Artaud gehe es um „eine Utopie des Theaters, das als Raum verstanden wird", stellt Helga Finter fest.[86] Und weiter: einen „Raum, der ein dezentriertes Subjekt transfiguriert, in dem er im Spiel die Grenzen der Darstellungsformen erfahrbar macht".

Die Aufhebung der klaren Trennung zwischen Bühne und Zuschauerraum und die Fokussierung auf die Kommunikation zwischen SchauspielerInnen und Publikum finden sich auch bei Grotowski wieder. Sein *armes Theater*, in dem er auf Befreiung vom Bühnenbild, Reduktion auf das Wesentliche, Intensivierung der Emotionen und die Beziehung zwischen SchauspielerIn und ZuschauerIn setzte, und mit dem er sich von den Neuen Medien (Film, Fernsehen) abgrenzte, ließe sich eine weitere wesentliche, in der Theatergeschichte verortete, Referenz der integrativen Inszenierung festmachen.[87]

II.2 DER PERFORMATIVE RAUM

Erika Fischer-Lichte hat den Raum der Zusammenkunft, den Raum, in oder an dem es zu einer Aufführung kommt, *performativen Raum* genannt.[88] Der performative Raum schafft Optionen für das Verhältnis zwischen AkteurInnen und

86 Finter, Helga: *Der subjektive Raum. Bd. 2: ... der Ort, wo das Denken seinen Körper finden soll: Antonin Artaud und die Utopie des Theaters.* Tübingen: Narr. 1990, S.2

87 Vgl. Grotowski, Jerzy: „Plädoyer für ein armes Theater", in: *Theater heute*, 9, 1968, S.11ff. Grotowski, Jerzy: *Für ein armes Theater.* Berlin: Alexander Verlag, 1993.

88 Fischer-Lichte, Erika: *Ästhetik des Performativen.* Frankfurt/Main: Suhrkamp. 2004, S.188ff. In diesem Zusammenhang sei auch auf den 2001 erschienenen Text „Attraktion des Augenblicks – Aufführung, Performance, performativ und Performativität als theaterwissenschaftliche Begriffe" von Fischer-Lichte und Jens Roselt verwiesen. In dem Beitrag, der in der Zeitschrift *Paragrana* erschienen ist, setzen sich die beiden (unter Rekurs auf Max Herrmann) mit dem im Rahmen der neuen Theaterwissenschaft zentralen Begriff der Aufführung, in Bezug auf Materialität, Medialität und Ästhetizität von Theater, auseinander.
Vgl. Fischer-Lichte, Erika / Roselt, Jens: „Attraktion des Augenblicks – Aufführung, Performance, performativ und Performativität als theaterwissenschaftliche Begriffe", in: Fischer-Lichte, Erika / Wulf, Christoph: *Theorien des Performativen. Paragrana. Internationale Zeitschrift für Historische Anthropologie.* Berlin: Akademie Verlag. 2001, S.237ff.

ZuschauerInnen, für Bewegungsorganisation und Wahrnehmungsstrukturierung. Beim performativen Raum handelt es sich gleichermaßen um einen physischen, geometrisch beschreibbaren Raum, wie um einen flüchtigen, transitorischen Raum, der erst durch die Aufführung selbst entsteht. Der Raum verfügt über einen Grundriss, über eine spezifische Raumhöhe, -länge, und -breite, darüber hinaus öffnet er Möglichkeiten zu seiner Nutzung, geplant und ungeplant, voraussehbar und unerwartet.

Fischer-Lichte verweist diesbezüglich auf die Theatergeschichte und das französische Theater des 17. Jahrhunderts, im Rahmen dessen adelige ZuseherInnen oftmals ganz selbstverständlich auf der Bühne Platz bezogen, wo sie sich laut und ohne Rücksicht zu nehmen unterhielten. Dieses Verhalten hatte naturgemäß Einfluss auf den Theaterraum und seine Ordnung sowie auf die Proxemik, also das Raumverhalten der AkteurInnen zueinander, und die Wahrnehmung.[89] Der performative Raum bietet sich demnach auch für andere als die intendierte Nutzung an. Die optionale Bespielung, die Nutzung auf verschiedenste Art und Weise, ist eines der Merkmale, das ihn auszeichnet. Ob im Theater oder im erweiterten Theaterraum, an Spielstätten wie Fabriken, Shopping Malls, Bunkern, Hochhäusern oder im öffentlichen Raum: die ständige Befragung und das stete Ausloten von Wahrnehmungs- und Verhaltensweisen schreibt sich in den performativen Raum ein, prägt die Auseinandersetzung in und mit ihm sowie die Tradition des Umgangs mit dem Theater.

Fischer-Lichte hebt drei Verfahren hervor, durch welche die Performativität des Raumes Intensivierung erfährt:

1) Die Verwendung eines (fast) leeren Raumes bzw. eines Raumes mit variablem Arrangement, der beliebige Bewegungen von AkteurInnen und ZuschauerInnen zulässt.

2) Die Schaffung spezifischer räumlicher Arrangements, die bisher unbekannte oder nicht genutzte Möglichkeiten zur Aushandlung der Beziehungen zwischen AkteurInnen und ZuschauerInnen, von Bewegung und Wahrnehmung eröffnen.

3) Die Verwendung vorgegebener und sonst anderweitig genutzter Räume, deren spezifische Möglichkeiten erforscht und erprobt werden.[90]

Für die integrativen Inszenierungen sind alle drei Verfahren von wesentlicher Bedeutung. Im Mittelpunkt stehen permanent sich transformierende, transitorische und handlungsorientierte Räume. Der performative Raum ermöglicht die integrative Inszenierung überhaupt erst. Ohne performativen Raum keine integrative Inszenierung. Der performative Raum ist der Raum der Darstellung selbst, und als solcher ein Raum der Kopräsenzen. Im Rahmen der integrativen Inszenierung eröffnet der performative Raum Optionen für die Organisation und Strukturierung

[89] Ebd., S.189
[90] Vgl. Fischer-Lichte, Erika: *Ästhetik des Performativen.* Frankfurt/Main: Suhrkamp. 2004, S.192

seiner eigenen Bespielung und die Interaktion zwischen AkteurInnen. Die im Raum agierenden Körper konstituieren die Inszenierung, sie gestalten das konkrete Geschehen und die spezifische Atmosphäre aktiv mit, erfassen und erfahren prozessuale performative Phänomene mit allen Sinnen.

II.3 ATMOSPHÄREN DER ANWESENHEIT

Der performative Raum ist, laut Fischer-Lichte, zugleich immer ein *atmosphärischer Raum*.[91] Er ist dies auch abgesehen von der Verwendung und Definierung des Raumes durch die AkteurInnen und ZuschauerInnen.

Der performative Raum strahlt Atmosphäre aus. Und es sind die integrativen Inszenierungen, die diese Atmosphären im performativen Raum schaffen. Die Evozierung spezifischer Räumlichkeiten im synästhetischen Sinn, das konzeptive und mehr oder weniger wohltemperierte Zusammenspiel der einzelnen Elemente, aller die Atmosphäre generierender Komponenten, ist der integrativen Inszenierung immanent.

Formen, Farben, Gerüche, Geräusche: die Dinge wirken nach außen. Sie sind wahrnehmbar, sie sind spürbar. Die Dinge geben Aufschluss über ihre Anwesenheiten im Raum, sie kommunizieren. Und doch sind es Gernot Böhme folgend nicht die Dinge, die die Atmosphäre bewirken. Er betont, dass die Atmosphären nichts Objektives, quasi Eigenschaft der Dinge, und doch etwas „Dinghaftes, zum Ding gehöriges“ sind. Auch sind sie nichts Subjektives (z.B. Bestimmung des Seelenzustands) und doch sind sie „subjekthaft, gehören zu Subjekten, insofern sie in leiblicher Anwesenheit durch Menschen gespürt werden“.[92]

Böhme spricht von *Atmosphären der Anwesenheit* und Fischer-Lichte, die den Terminus aufgreift und weiterdenkt, liest ihn als „spezifischen Modus von Gegenwärtigkeit von Dingen.“[93] Sie ergänzt: „Der Atmosphäre kommt für die Hervorbringung von Räumlichkeit in einer Aufführung eine vergleichbare Bedeutung zu wie der Präsenz für die Erzeugung von Körperlichkeit. In der Atmosphäre, die der Raum und die Dinge auszustrahlen scheinen, werden diese dem Subjekt, das ihn betritt, in empathischem Sinne gegenwärtig.“[94]

[91] Vgl. Ebd. S.200

[92] Böhme, Gernot: *Atmosphären. Essays zur neuen Ästhetik.* Frankfurt/Main: Suhrkamp. 1995, S.33f.

[93] Vgl. Fischer-Lichte, Erika: *Ästhetik des Performativen.* Frankfurt/Main: Suhrkamp. 2004, S.202

[94] Ebd., S.203

II.4 ANDERE SCHAUPLÄTZE

Ausgehend von der Erfahrung in der Welt, dem Wahrnehmen und Erleben unterscheidet Merleau-Ponty in seiner *Phänomenologie der Wahrnehmung* zwischen *geometrischem Raum* und *anthropologischem Raum*, dem Raum, in dem die Existenz räumlich wird. Er geht nicht von einer einfachen Wechselbeziehung zwischen Subjekt und (Um-)Welt aus, sondern von einem Wahrnehmungsfeld, in dem der erlebte Raum Form annimmt.[95]

Der Raumeindruck manifestiert sich zwischen der *Bühne der Einbildung* und dem *Schauspiel der Welt*, stellt Merleau-Ponty fest.[96] Und die in der Theaterwissenschaft arbeitende Philosophin Petra Maria Meyer macht in diesem Zusammenhang auf die Metaphorik aufmerksam, die „einerseits mit dem Modellcharakter des Theaters" korrespondiere, und andererseits auf einen zunehmenden Theatralitätsdiskurs verweise, der es ermögliche, Intermedialität und erweiterten Raum zusammenzudenken.[97]

Es sind nicht nur Text, Haltung und Bewegung der AkteurInnen, die das Theatererlebnis schaffen. Der Theaterraum wird maßgeblich durch die Wahrnehmung des Publikums konstituiert. Der aktive Wahrnehmungsprozess hat gestaltende Funktion, fließt in die Konstruktion des Kunstraumes und seines Erlebens mit ein.

Das Verhältnis von Bühne und Zuschauerraum hat theatergeschichtlich Wandlung erfahren. Das Spektrum erstreckt sich von der antiken Freiluftbühne, mit Aussicht auf das Umland, über die mittelalterliche Simultanbühne, die mit technischer Raffinesse ausgestattete Sukzessionsbühne der Renaissance, und die Guckkastenbühne, deren vierte Wand zum Publikum hin geöffnet ist, bis zur Überwindung des klassischen Bühnenkonzepts und der Trennung von Bühnenraum und Publikumsbereich, wie sie die Avantgarden zu Beginn des 20. Jahrhunderts praktizierten, und reicht schließlich bis zur Performancekunst.

Das interventionistische, performative Potenzial öffnet neue Räume und verhandelt das Verhältnis von AkteurInnen und ZuschauerInnen neu. Aktionskunst, Happening und Straßentheater loten ab den 1960er Jahren transgressive Raumorganisationen im Theater- und Ausstellungskontext sowie im öffentlichen Raum aus. Die Räume der Aktion und der Rezeption werden befragt, der Wahrnehmungsraum wird als sozialer und künstlerischer Handlungsraum thematisiert.

[95] Vgl. Merleau-Ponty, Maurice: *Phänomenologie der Wahrnehmung*, Berlin: de Gruyter. 1965, S.326ff.

[96] Ebd., S.5

[97] Vgl. Meyer, Petra Maria: „Der Raum, der Dir einwohnt", in: Bohn, Ralf / Wilharm, Heiner (Hg.): *Inszenierung und Ereignis. Beiträge zur Theorie und Praxis der Szenografie.* Bielefeld: Transcript. 2009, S.108

Theatralisieren beschreibt Barthes als Bewegung der Unbegrenzung im semiotischen, kulturellen Raum, im Raum der Zeichen. Und *Theatralität* gleichsam als grenzüberschreitende Bewegung, in unterschiedlichen Medien und auf mannigfachen Schauplätzen.[98] Es ist Petra Maria Meyer, die darauf hinweist, dass Roland Barthes die Begriffe *Theatralität* und *Szenografie* verknüpft.

„In Nähe zu Lacan denkt auch Barthes das Subjekt als eines, das den Signifikanten und den Medien unterworfen ist, sich auf der Szenographie als einem *anderen Schauplatz* (Freud) als Unterworfenes zeigt. Da sich ein solcher Schauplatz gleichsam theatraler Repräsentation verweigert, liegt es nahe, ihn mit davon abweichenden Theaterformen in Verbindung zu bringen. Neben den wegweisenden Arbeiten von Artaud wird Szenografie bei Barthes in Auseinandersetzung mit Brecht, Beckett oder Adamov einerseits und dem japanischen Nô-Theater oder dem Bunraku andererseits, also mit einer Überwindung des bürgerlichen Theaters, der Überschreitung bisheriger Grenzen und Rahmungen verbunden.“[99]

Gleichsam dem szenografischen Diskurs des 20. und beginnenden 21. Jahrhunderts folgend, schreiben sich in die integrativen Inszenierung die Grenzüberschreitungen, das neue Ausloten der Rahmen und Bedingungen für performative Raumgestaltung ein. Plurimediale Raumkonfigurationen werden in Bezug auf Aktion und Rezeption und das Verhältnis dieser beiden Komponenten befragt. Die dynamischen Prozesse der (Ver-)Wandlung von Räumen erfolgen transdisziplinär. Im Rahmen der integrativen Inszenierung befindet sich der performative Raum der Aufführung „in einem von Intention und Emergenz geprägten Prozess des Entstehens“.[100]

[98] Vgl. Barthes, Roland: „Qu'est-ce que la signifiance? C'est le sense en ce qu'il est produit sensuellement“, in: Barthes, Roland: *Le plaisir du texte, Oeuvres complètes. 2*, 1996–1973, S.1526

[99] Vgl. Meyer, Petra Maria: „Der Raum, der Dir einwohnt“, in: Bohn, Ralf / Wilharm, Heiner (Hg.): *Inszenierung und Ereignis. Beiträge zur Theorie und Praxis der Szenografie.* Bielefeld: Transcript. 2009, S.111f.

[100] Vgl. Brejzek, Thea / Von der Haegen, Gesa / Wallen, Lawrence: „Szenografie“, in: Günzel, Stephan (Hg.): *Raumwissenschaften.* Frankfurt/Main: Suhrkamp. 2009, S.372

III. EINBRUCH DES REALEN

III.1 WIDER DIE LEICHTIGKEIT UND FLÜSSIGKEIT DES SYSTEMS

Zygmunt Bauman, der die so genannte Postmoderne die *flüssige Moderne* genannt hat, stellt fest, dass die gegenwärtige Gesellschaft aufgehört hat, sich selbst zu befragen, sich in Frage zu stellen. Nicht das Denken würde unterdrückt oder verhindert werden, sondern, im Gegenteil, die Unzufriedenheit wäre die Norm. Wir alle wären „reflexive Wesen“ (Anthony Giddens) und als solche permanent mit der Beobachtung der eigenen (Denk-)Bewegungen beschäftigt, ständig auf der Suche nach Verbesserung. Kritisches Denken und Handeln bliebe allerdings weitgehend immun gegenüber Kritik.[101]

Bauman vergleicht die *flüssige Moderne*, die Gesellschaft am beginnenden 21. Jahrhundert, mit der des beginnenden 20. Jahrhunderts. Die Obsession der *Modernisierung* streicht er als prägendes Motiv hervor. Mit einem Chiasmus definiert er deren Funktionsweise: *kreative Zerstörung* oder *destruktive Kreativität* wäre die treibende Kraft, das in die Zukunft gerichtete Leistungsprinzip.[102] Die Erfüllung ist auf die Zukunft verschoben. Modern sein heißt fortschrittlich sein. „Wer sich nicht bewegt, ist draußen.“[103]

Die Crux ist, wie Ulrich Beck feststellt, dass für den/die Einzelne(n) hinter „den Fassaden von Sicherheit und Wohlstand, die Möglichkeiten des Abgleitens und Absturzes immer präsent bleiben“.[104]

Jeder ist für seinen ureigenen Erfolg wie für sein ureigenes Scheitern selbst verantwortlich. Und selbst im Scheitern handelt es sich seiner „Anforderungsstruktur nach um ein *aktives* Leben“.[105]

Es gibt also kein Entrinnen. Mit der Verpflichtung, in einer global vernetzten Welt das eigene und das soziale Leben täglich neu zu verhandeln, bleibt das Individuum letztlich alleine. Es gibt keine historischen Schablonen zur Identitätsstiftung, keine Readymades in Sachen Lebensführung.

101 Bauman, Zygmunt: *Flüchtige Moderne*. Frankfurt/Main: Suhrkamp. 2003 (2000), S.32

102 Vgl. ebd., S.38

103 Sennett, Richard: *Der flexible Mensch. Die Kultur des neuen Kapitalismus.* Berlin: Siedler. 2000 (1998), S.115

104 Beck, Ulrich: „Was meint ‚eigenes Leben‘?“, in: Beck, Ulrich / Vossenkuhl, Wilhelm / Erdmann Ziegler, Ulf (Hg.): *Eigenes Leben. Ausflüge in die unbekannte Gesellschaft, in der wir leben.* München: C.H. Beck. 1995, S.11

105 Ebd., S.11

Jenseits von Tradition und Religion bleibt dem Subjekt lediglich *das Leben auf den Versuch hin*, im Sinn Montesquieus. Wir entwickeln Konzepte, konstruieren Identitäten und Biografien, wir bauen an sozialen Bindungen und bewegen uns in Netzwerken.[106]

Dies alles tun wir im Bewusstsein dessen, dass es keine sozialen Sicherheiten mehr gibt. Weder Herkunft noch Ausbildungssystem garantieren lineare Lebensverläufe. Identität befindet sich in stetem Wandel. Und das Individuum in der *flüssigen Moderne* erlebt sich als Vielheit, quasi in Facetten einer dem Anlass und der jeweiligen sozialen Funktion entsprechenden multiplen Persönlichkeit.

„Zu *werden* was man ist, ist das Kennzeichen des Lebens in der Moderne (...)“, schreibt Baumann, und er stellt fest: „Identitäten sind stabil und fix nur im Schein des Blitzlichts, das sie für einen kurzen Moment von außen erhellt.“[107]

Die individuelle Stabilität ist potenziell im Wanken begriffen und die Suche nach dem eigenen Platz in der Gesellschaft wird gleichsam zu einem lebensbegleitenden Motiv. Was einem Damoklesschwert gleich über dem Subjekt schwebt, ist die Bedrohung, den eigenen Platz mit dem des *Zuschauers am Rand* (Bauman) tauschen zu müssen.

Richard Sennett weist darauf hin, dass sich in einer flexiblen Ordnung wie der heutigen die „Schwierigkeiten, die Gesellschaft und sich selbst zu ‚lesen‘, in einem besonderen Akt kristallisieren: dem Akt des Risiko-auf-sich-Nehmens.“[108]

In der *Weltrisikogesellschaft* (Beck) zählt das *Alles oder nichts*. Es scheint, als hätte sich Paul Feyerabends berühmtes Diktum des *anything goes* aus seinem erkenntnistheoretischen Korsett befreit[109]: nun erfährt es missverstanden seine Popularisierung in einer globalen Gesellschaft, die vom so genannten Neoliberalismus geprägt ist.

In der *flüssigen Moderne* ist selbst die Individualisierung privatisiert. Flexibilität ist oberstes Gebot, Passivität gilt als *No Go*. Und Scheitern wird zum gesellschaftlichen Tabu.

„Es gibt einfach keine funktionierenden ‚biographischen Lösungen für systemisch bedingte Widersprüche‘“, merkt Bauman an. Und er stellt fest, dass, Lösungsansätze, ob imaginär oder real, zumindest „mit den Erfordernissen der Individualisierung, ihren Anforderungen und Verantwortlichkeiten kompatibel“[110] sein müssen.

[106] Wir sind „Fremde auf dieser Welt, denn wir werden immer in eine fertige Kultur hineingeboren und sterben, ehe es uns gelingt, das Wesen und die Resultate der eigenen Tätigkeit zu reflektieren, das heißt, der eigene Platz in der Kultur ist uns niemals bekannt“, stellt Boris Groys fest. Vgl. Kabakov, Ilya / Groys, Boris: *Die Kunst des Fliehens*. München: Hanser. 1991, S.130

[107] Bauman, Zygmunt: *Flüchtige Moderne*. Frankfurt/Main: Suhrkamp. 2003 (2000), S.101

[108] Sennett, Richard: *Der flexible Mensch. Die Kultur des neuen Kapitalismus*. Berlin: Siedler. 2000 (1998), S.97

[109] Vgl. Feyerabend, Paul: *Erkenntnis für freie Menschen*. Frankfurt/Main: Suhrkamp. 1980, S.97f.

[110] Bauman, Zygmunt: *Flüchtige Moderne*. Frankfurt/Main: Suhrkamp. 2003 (2000), S.51

Es ist Dirk Baecker, der betont, dass es sich bei der *nächsten Gesellschaft* um eine handelt, welche die „feudalen Ordnungen der Tradition ebenso hinter sich gelassen hat, wie die funktionale Differenzierung der Moderne".[111] Gesellschaftliche Selbstorganisation würde auf der mikrologischen wie auch auf der makrologischen Ebene sehr viel mehr Variationen als bisher zulassen. „Eine Identität hat die offene Flanke ihrer Differenz zu anderen Identitäten, mit denen sie gemeinsam hat, dass sie sich von ihnen unterscheidet. Jede Kontrolle muss offen halten, wovon sie sich kontrollieren lässt, um die Kontrolle nicht zu verlieren. Und das Netzwerk ist von vornherein als ein Modus zu verstehen, in dem jede Beziehung nicht nur als austauschbar, sondern als unberechenbar austauschbar gelten muss."[112]

Wir bewegen uns auf unsicherem Terrain und das *Unbehagen in der Kultur* (Freud) schreibt sich ins Individuelle wie ins Gesellschaftliche ein.

Wir arbeiten in der Dunkelheit, wir tun, was wir können. Unruhe hat die Strukturen erfasst, klassische Ordnungen sind in Veränderung begriffen und Reflexion tut not. Die integrativen Inszenierungen sind ein Angebot, Zustände zu befragen, Risiken und Chancen der Entwicklung des/der Einzelnen und der Gesellschaft zu bedenken und alternative Handlungsszenarien zu entwickeln. Als Konjunktiv, als Optativ öffnen sie Möglichkeitsräume, zeigen auf, was ist, und was (noch) nicht ist.

Für die integrativen Inszenierungen gilt im Besonderen, was Dirk Baecker in Bezug aufs Theater im Allgemeinen feststellt: „Für leere Gesten hat das Theater ein genaues Gespür. Auf der Bühne merkt man, weil es dargestellt und vorgeführt werden muss, was noch funktioniert und was nicht."[113]

Angesichts des Einbruchs des Realen und des Zusammenpralls von Wirklichkeit und ihrer Repräsentation versuchen die integrativen Inszenierungen zwischen dem Realen, dem Symbolischen und dem Imaginären zu vermitteln. In einer sich verflüssigenden Gesellschaft machen sie sich auf die Suche nach neuen Konturen. Nach Konturen, mit denen es sich leben lässt – besser leben lässt, wenn man so will.

[111] Baecker, Dirk: *Studien zur nächsten Gesellschaft.* Frankfurt/Main: Suhrkamp. 2007, S.21
[112] Ebd., S.22
[113] Ebd., S.85

III.2 VOM ÖFFENTLICHEN RAUM ZUM MEDIENRAUM

Analog zum sich stetig verändernden Status quo des Individuums in der *flüssigen Moderne* muss sich auch das Denken über Stadt[114] von der Idee der Einheit verabschieden. Die Stadt und deren Gefüge erfahren Veränderung. Die Stadt ist, nicht zuletzt durch die Globalisierung, nicht mehr als Einheit denkbar. Ihre „einzelnen Teile streben auseinander".[115] Wir haben es mit einer „Patchwork-Stadt" zu tun, wie Markus Schroer es in *Räume, Orte, Grenzen* nennt.[116]

„Die Einflüsse der Globalisierung wirken nicht nur einheitsstiftend, sondern auch trennend; sie schaffen neue Formen der Schichtung und bringen in verschiedenen Gegenden oder Örtlichkeiten oft entgegengesetzte Folgen hervor", stellt Anthony Giddens fest.[117]

Die einzelnen Teile der Stadt lassen sich nicht mehr zu einem heterogenen Ganzen zusammenfügen, sie haben ihre Kohärenz verloren. Doch bei näherer Betrachtung erweist sich ebendiese Kohärenz als historisches Konstrukt, als nicht haltbare Behauptung. Schroer weist darauf hin, dass es immer schon Merkmal einer Stadt war, „die Koexistenz von Differentem zu ermöglichen, unterschiedliche Individuen, soziale Gruppen, Dinge und Lebensstile an einem Ort verdichtet zusammenzuführen".[118]

Neben Bauman und Sennett thematisierte auch Hanna Arendt das Ideal der *Polis*, des sozialen und politischen Gemeinwesens, das durch aktives Handeln dem Entleeren des öffentlichen Raumes und dem Verschwinden der Thematisierung öffentlicher Anliegen entgegenwirken kann.[119]

Während der öffentliche Raum als Ort des Diskurses verschwindet, kommt es zur Privatisierung des städtisches Raumes, und zur damit einhergehenden ter-

114 Gemäß Richard Sennett ist die Stadt definiert als eine „menschliche Ansiedlung, in der die Wahrscheinlichkeit besteht, dass sich Fremde begegnen", in: Sennett, Richard: *The Fall of Public Man: On the Social Psychology of Capitalism.* New York: Vintage Books, 1978, S.39ff.
Und Dirk Baecker stellt fest: „Die Stadt ist der soziale Ort, an dem wir mit Unbekannten ins Gespräch kommen können, es aber auch bleiben lassen können." Vgl. Baecker, Dirk: „Soziale Hilfe als Funktionssystem der Gesellschaft", in: *Zeitschrift für Soziologie. 23,* 1994, S.93ff.

115 Schroer, Markus: *Räume, Orte, Grenzen. Auf dem Weg zu einer Soziologie des Raums.* Frankfurt/Main: Suhrkamp. 2006, S.237

116 Ebd., S.237

117 Giddens, Anthony: *Jenseits von Links und Rechts. Die Zukunft radikaler Demokratie.* Frankfurt/Main: Suhrkamp. 1994, S.120

118 Schroer, Markus: *Räume, Orte, Grenzen. Auf dem Weg zu einer Soziologie des Raums.* Frankfurt/Main: Suhrkamp. 2006, S.240

119 Vgl. Bauman, Zygmunt: *Flüchtige Moderne.* Frankfurt/Main: Suhrkamp. 2003 (2000), S.52f. Vgl. auch: Schroer, Markus: *Räume, Orte, Grenzen. Auf dem Weg zu einer Soziologie des Raums.* Frankfurt/Main: Suhrkamp. 2006, S.237

ritorialen Überwachung, Konsumzonen wuchern, wachsen und prägen die Stadtmorphologie. Außerdem erhalten die von Marc Augé so genannten „Nicht-Orte immer mehr Bedeutung.[120] Nicht-Orte" sind Orte, die heterogenen Nutzern den Aufenthalt ermöglichen, ohne so etwas wie Privatheit entstehen zu lassen, Orte, die deren Durchquerung ermöglichen, ohne persönliche Spuren zu hinterlassen. Beispiele dafür sind Flughäfen, Hotelzimmer, Autobahnen.

Nicht-Orte dienen einzig und allein einem Zweck: „jeder sollte sich dort ganz zu Hause fühlen, sich aber bitte nicht *so benehmen*".[121]

Brigitte Marschall setzt sich in *Öffentlicher Raum als theatraler Raum: Praktiken des Gehens und Strategien der Stadtnutzung*, ausgehend vom Benjamin'schen Flaneur, der das „Gehen als Inszenierung verkörpert" und dem „die Stadt zum Interieur"[122] geworden ist, mit dem Motiv des städtischen Raums als Bühne auseinander. Es geht ihr gleichermaßen um eine Bewegung durch den innerpsychischen wie den physischen und soziologischen Raum.

Jenseits der Lamentos über die ausufernde Eventkultur und die Kommerzialisierung und Privatisierung des Urbanen beschreibt Marschall subversive Strategien der Wiederaneignung von Stadt. Diese macht sie u.a. an Guy Debord und der Situationistischen Internationale fest.

Im Mittelpunkt stehen gleichsam Protestbewegungen im Aktionsfeld Stadt. Die Stadt wird als Bühne verhandelt, als Bewegungs- und Handlungsraum, in dem die Künste agieren und in dem sie sich entfalten können – jenseits ihrer institutionellen Verortung und Musealisierung. Aktionskunst in ihrer Ausprägung als interdisziplinäre Intervention, tritt an, um im öffentlichen Raum unvorbereitet zu irritieren, Fragen zu stellen, zu konfrontieren, Wahrnehmungs- und Handlungsräume zu öffnen.

Unbekanntes Terrain wird bespielt, heterogenes Publikum erreicht. Und potenzielle ZuseherInnen werden zu AkteurInnen. Das Prinzip heißt Bewegung im urbanen Raum.

„Als Abwehrreflex werden Städte in mobile Strände und Eislaufplätze verwandelt: urbane Diskursräume, die durch die Vereinnahmung des städtisches Raums die Grenzen zwischen Kunst, Politik und Alltag gezielt verwischen", schreibt Marschall im Finale ihres Textes.[123]

120 Vgl. Augé, Marc: *Orte und Nicht-Orte. Vorüberlegungen zu einer Ethnologie der Einsamkeit.* Frankfurt/Main: Fischer. 1994 (1992)

121 Bauman, Zygmunt: *Flüchtige Moderne.* Frankfurt/Main: Suhrkamp. 2003 (2000), S.122

122 Vgl. Marschall, Brigitte: „Öffentlicher Raum als theatraler Raum: Praktiken des Gehens und Strategien der Stadtnutzung", in: Bohn, Ralf / Wilharm, Heiner (Hg.): *Inszenierung und Ereignis. Beiträge zur Theorie und Praxis der Szenografie.* Bielefeld: Transcript. 2009, S.175f.

123 Ebd., S.187

Die Logik des Systems *Event- und Konsumkultur* reagiert mit mobiler Architektur und der Etablierung von Themenparks mit anderen Mitteln. Die Stadt wuchert gleichsam präventiv, besetzt potenzielle Frei- und Zwischenräume.

Was im Stadtraum entsteht, sind saisonale Freizeit- und Erlebnisräume, die nicht unbedingt dazu angelegt sind, zur Repolitisierung des öffentlichen Raumes beizutragen. Im Rahmen der *Erlebnisgesellschaft*, wie der Soziologe Werner Schulze sie in seinem gleichnamigen Werk beschreibt, steht die Konsumption des Erlebens im Zentrum.[124]

Was feststeht ist, dass Benjamins *Flaneur* eine offensichtliche Wandlung erfahren hat. Nicht länger ist er urbaner Phänomenologe, Dandy und Dichter. Auch die leibliche Aneignung des Stadtraums durch das Gehen war gestern. Heute bewegt er sich als frei flottierender urbaner Partikel, als Tourist des Lebens, auf einem Segway-Roller durch die Stadt. Der Prospekt des Stadtraumes, die erwähnten Strände samt locationspezifischer Palmen gleiten an ihm vorbei, einer virtuellen Projektion gleich. Mit Schutzhelm durchmisst er den Stadtraum mit einem spielzeughaften, elektromotorisierten Gefährt, immer im sicheren Abstand zur als kulissenhaft erlebten Umgebung und zur Unmittelbarkeit.

Statt den Verlust des öffentlichen Raumes, der als Stadtraum verloren ging, und als Medienraum wiederauferstanden ist, zu beklagen, setzen die integrativen Inszenierungen ganz im Sinn Marschalls auf einen bewussten – auch in ihrer oft affirmativen Haltung klar subversiven – Umgang mit den Medien. Die integrativen Inszenierungen bewegen sich gekonnt durch *Informationskaskaden* (Meurer) und Bilderflut und positionieren sich strategisch im Medienverbund. Sie benutzen synthetische Synergien als maßgeblichen Teil des Agenda Settings und arbeiten so an der Konstruktion von Wirklichkeit. Dies tun sie in dem Wissen, dass alles, was unsere Aufmerksamkeit erregt, „in einem höheren Grade wirklich ist als der Hintergrund".[125]

Die Tatsache, dass die „unmittelbare Wahrnehmung durch Wahrnehmung über Wahrnehmungsmaschinerien nicht nur ergänzt, sondern auch ersetzt"[126] wird, ist mitunter maßgeblicher Teil des Konzepts der integrativen Inszenierung. Die mediale Platzierung, der bewusste Umgang mit den Funktionsweisen der Medien im Rahmen der *Ökonomie der Aufmerksamkeit* (Franck), ist werkimmanent, sie schreiben sich in dessen Rezeption ein.

124 Vgl. Schulze, Werner: *Die Erlebnisgesellschaft. Kultursoziologie der Gegenwart.* Frankfurt/Main: Campus. 2000 (1992)

125 Vgl. Franck, Georg: *Ökonomie der Aufmerksamkeit.* München, Wien: Hanser. 1998, S.172

126 Meurer, Bernd: *Die Zukunft des Raums.* Frankfurt/Main: Campus. 1994, S.33

Dergestalt wird im Sinne Heideggers *die Welt zum Bild*.[127] Und MedienrezipientInnen meinen die integrative Inszenierung zu kennen, weil sie ein Bild wahrgenommen haben, ihrer medialen Repräsentation begegnet sind. Diskussionen werden eröffnet, Diskurse geführt, ohne den Gegenstand der Betrachtung zu kennen, ihn jemals tatsächlich erfahren zu haben.

[127] Heidegger, Martin: „Die Zeit des Weltbildes" (1938), in: Heidegger, Martin: *Holzwege*. Frankfurt/Main: Klostermann. 1994, S.90

IV. KUNST/RAUM

IV.1 RAUMKONSTRUKTIONEN

Der Ausstellungsraum, seine Funktionsweise und seine Dekonstruktion gerät sukzessive, zunächst durch die historische Avantgarde zu Beginn des 20. Jahrhunderts (Marcel Duchamp, Kurt Schwitters u. a.), später ab den 1960er Jahren (u. a. im Rahmen der Minimal Art) vermehrt ins Blickfeld der praktischen wie theoretischen Auseinandersetzung.

Eingriffe in den physischen Raum loten die Raumsituation neu aus und prägen das Bewusstsein der institutionellen Raumkonstruktion. Architektonische Interventionen geben Aufschluss über Konventionen, künstlerische Konzepte üben Kritik an der kontextspezifischen, systemimmanenten Raumgestaltung und die in sie eingeschriebenen Machtverhältnisse.[128]

Hal Foster stellt fest, dass die veränderten Wahrnehmungsbedingungen in der Minimal Art für weiterführende räumliche Veränderungen verantwortlich gewesen sind. Wahrnehmungskritik ist in Institutionskritik übergegangen, meint Foster.[129]

Nina Möntmann weist darauf hin, dass Hal Foster, der die Raumkonstruktion im Rahmen der Minimal Art, die keine soziale Komponente mitreflektiert, sondern einen ästhetischen Rahmen setzt, weitgehend außer acht lässt, wohl ein wenig ungenau argumentiere, wenn er die Positionen, die der Institutionskritik der 1970er Jahre vorausgingen, als institutionskritisch einstufe.

Indem er die Minimal Art in eine Reihe mit historischen Avantgarden wie Duchamps, den Dadaisten oder Surrealisten nenne und den Avantgarden das Potenzial der Institutionskritik zuschreibe, würde er andere Faktoren, z.B. die Funktion des Störens außer acht lassen. An dieser Stelle verweist Möntmann auf die Situationistische Internationale, die nicht zuletzt mit ihren subversiven Inszenierungen und Interventionen im urbanen Raum für Irritation gesellschaft-licher Abläufe gesorgt hat.[130]

In den 1970er Jahren perforieren „in situ"-Interventionen den Raum, thematisieren die Grenze von Innen und Außen und ermöglichen neue Blickrichtungen. Der Raumkörper im Kunstkontext erfährt eine Wandlung: vom geschlossenen, klar

[128] Tony Bennett setzt sich in seinem Buch *The Birth of the Museum* mit den Regulations- und Kontrollmechanismen, die im 19. Jahrhundert angesichts der Öffnung der Museen für die breite Öffentlichkeit die Gestaltung der Museen bestimmt hat, auseinander: Vgl. Bennett, Tony: *The Birth of the Museum. History, Theory, Politics.* London/NY: Routledge. 1995

[129] Foster, Hal: „Die Crux des Minimalismus", in: Stemmrich, Gregor: *Minimal Art eine kritische Retrospektive.* Dresden/Basel: Verlag der Kunst. 1995, S.618

[130] Vgl. Möntmann, Nina: *Kunst als sozialer Raum.* Köln: Walther König. 2002, S.31

definierten, gesellschaftlich konnotierten Raum zum Kunstwerk, das die Stabilität ins Wanken bringt, zum Raum als amorphes Gebilde. Der Raum verliert seine Ganzheit, er erhält seine Vielheit. Und die symbolische Ordnung wird obendrein dekonstruiert. Klassische Rezeptionsgewohnheiten werden befragt und Teil der Inszenierung, die den Kunstbetrieb und seine Logik thematisiert und offen legt.

Für die 1980er Jahre konstatiert Möntmann einen Eskapismus aus den Institutionen, die Suche nach alternativen Ausstellungsorten, nach Off-Spaces als Strategie der Raumaneignung.

Frederic Jameson hat 1984 bemerkt: „Ein unserer Situation angemessenes Modell der politischen Kultur muss nach dem Konzept, das ich zu entwickeln versuche, die Frage des Raums zur wichtigsten Problemstellung machen. Die Ästhetik dieser neuen (und nur hypothetisch zu fassenden) Kultur möchte ich vorläufig als die eines Kartographierens der Wahrnehmung und der Erkenntnis (cognitive mapping) definieren."[131]

Möntmann stellt diesbezüglich fest, dass die „von Jameson angenommene klassenspezifische Organisation des Raums durch den Blick auf ethnische und geschlechtsspezifische Segregation erweitert oder überwunden worden" ist, und, dass der Status quo der Kunstproduktion, zumal der politisch motivierten, hinsichtlich der postkolonialistischen Situation, in Bezug auf einen transkulturellen und hybriden Raumbegriff neu ausverhandelt werden muss.[132]

Weiters merkt Möntmann an, dass es in den 1990er Jahren durch die Situation des Postkolonialismus, der weltweiten Migration, der Auflösung des politischen Ost-West-Dualismus und dem Aufkommen und der Verbreitung des Internets zu einer Verschiebung der Funktionen von Orten gekommen ist. Es ginge nun laut Möntmann nicht mehr um Authentizität und Originalität, „sondern um den Ort in seiner Relation zu anderen Orten, um die Kommunikation und den Austausch zwischen Orten".[133]

Die im Rahmen des erweiterten Kunstkontextes agierende integrative Inszenierung verlässt den *White Cube* und thematisiert den Ausstellungsraum, in dem sie seine klassischen Grenzen überwindet. Sie spielt mit dem Gegensatzpaar Innen- und Außenraum und entwickelt Strategien des Transfers, der Transgression. Der Raum wird als kulturelles und soziales Konstrukt begriffen. Alltägliche Lebenswelt findet sich plötzlich im Museum wieder und die Kunst verlässt den ihr zugedachten Ort. Publikum jenseits der Kunstöffentlichkeit ist mit einem Mal via Medien mit künstlerischen Interventionen konfrontiert und oftmals ziemlich ratlos.[134]

[131] Jameson, Frederic: „Postmoderne – zur Logik der Kultur im Spätkapitalismus", 1986. S.96, zit. in: Möntmann, Nina: *Kunst als sozialer Raum*. Köln: Walther König. 2002, S.48

[132] Vgl. Möntmann, Nina: *Kunst als sozialer Raum*. Köln: Walther König. 2002, S.48

[133] Ebd., S.44

[134] Vgl. „Raum für Sexkultur" von Christoph Büchel in Kapitel VI.3.

Integrative Inszenierungen als Interventionen im öffentlichen Raum lenken, ganz in Tradition der situationistischen Praxis, die Aufmerksamkeit auf das Erfahrbarmachen, das Erleben des Raumes. Tradierte, statische Konstruktionen werden in Frage gestellt, erfahren eine Neudeutung, Situationen werden auf spielerische Art und Weise inszeniert.[135]

Der Raum wird von seinen klar abgesteckten Arbeits- und Freizeitfunktionen entbunden. Konsum- und Durchgangszonen werden zu Zwischenräumen der Begegnung, zu Orten, an denen Erfahrung, Emotion und Kommunikation möglich werden.[136]

IV.2 STATUS QUO VADIS

Die Ausstellungspraxis und das Museum haben einen Wandel durchlaufen. Und sie befinden sich immer noch im Prozess der Veränderung. Zwischen gesellschaftspolitischem Auftrag und Kunstmarkt und Erlebniskultur platzieren sich Museen heute als Big Player im Bereich der Kultur- und Freizeitindustrie, und das Spektrum spannt sich vom konsumentenorientierten, massentauglichen „Durchlauferhitzer“ und Quotenbringer bis zum systemkritischen Haus, das kulturelle, soziale und gesellschaftspolitische Aspekte thematisiert und auch Fragen nach der eigenen Existenzberechtigung stellt, den Dissens an der Institution „Museum“ zur Diskussion stellt.[137]

Als alt gediente Kulturdinosaurier mit symbolischem Kapital sind die Museen heute maßgeblicher Tourismusfaktor, sie spielen eine wesentliche Rolle im Rahmen des globalen Standortmarketings. Die Museen positionieren sich am Markt und sie sind in internationalen Rankings längst selbst zur Marke geworden.

Die Quote gilt den Ausstellungsmachern nicht selten als *das* Qualitätsmerkmal einer *Show*. Blockbuster-Ausstellungen garantieren das mediale Interesse – eine wesentliche Vorraussetzung für die Mobilisierung der Massen.

135 Vgl. diesbezüglich: Marschall, Brigitte: „Öffentlicher Raum als theatraler Raum: Praktiken des Gehens und Strategien der Stadtnutzung“, in: Bohn, Ralf / Wilharm, Heiner (Hg.): *Inszenierung und Ereignis. Beiträge zur Theorie und Praxis der Szenografie.* Bielefeld: Transcript. 2009, S.180. Marschall verweist in diesem Zusammenhang auf: Kaufmann, Vincent: *Guy Debord. La révolution au service de la poésie.* Paris: Fayard, 2001

136 Vgl. das Projekt „BarRectum“ (Van Lieshout), Kapitel VI.4.

137 Zur Praxis der Selbstreflexion der Institution Museum: vgl. Kapitel VI.2 („museum inside out“, Museum für Volkskunde, Wien).

Die Stars der Kunstwelt, ob Klassiker, Vertreter der Moderne oder Zeitgenossen, werden omnipräsent von Haus zu Haus weitergereicht. Ob in Wien, Venedig, New York, Zürich, London oder Kassel: überall dieselben Namen, überall dieselben Protagonisten. Und das gleiche Programm.

Und häufig findet sich das kritische Potenzial in den Nischen, abseits der großen Institutionen, am Rand des medialen Getöses.

Am Anfang des modernen Kunstmuseums steht das Bürgertum. Und die Frage, wer im Museum spricht und zu wem gesprochen wird, schreibt sich von Beginn an in den Diskurs über das Ausstellen ein. Dem *Sprachraum Kunstmuseum*, den Ideologien und dem Ausverhandeln von Herrschaftsverhältnissen sowie der Auseinandersetzung mit dem Publikum widmet Eva Sturm ihre Reflexionen über die „soziale und diskursive Distinktionsmaschine" Kunst-/Museum.[138]

Sturm stellt fest, dass sich das Museum, auch wenn das Bürgertum in seiner ursprünglichen Form nicht mehr existiert, zumeist weiterhin an *Eliten,* was soviel heißt wie: *Bildungseliten* richtet. Bei aller Betonung der Vielheit des Publikums, von BesucherInnen mit heterogenem Background, würde es sich im kulturellen Feld ganz klar um die „Reproduktion eines sozialen Modells mit strengen Hierarchien" handeln.[139]

Das Modell der integrativen Inszenierung versucht sich an Diskursen jenseits der sozialen Wertung. Es ist interessiert an der Überwindung der Sprache der *symbolischen Herrschaft* (Bourdieu). Ob im Museum, im erweiterten Theaterraum oder in der Wissenschaftsvermittlung: im Mittelpunkt stehen Szenarien der Integration, des Auflösens von Distinktion und die Gleichberechtigung aller AkteurInnen als DiskurspartnerInnen.[140]

IV.3 KULTURPRODUZENTINNEN

In den vergangenen zwei Jahrzehnten war zu beobachten, dass im zeitgenössischen Ausstellungswesen der Name der Ausstellungsmacher nicht selten wichtiger geworden ist als das Ausgestellte selbst. Die Rolle der KuratorInnen ist in der Kunstwelt zu einem wesentlichen Faktor geworden und das „Vokabular der Ver-

[138] Vgl. Sturm, Eva S.: *Im Engpass der Worte: Sprechen über moderne und zeitgenössische Kunst.* Berlin: Reimer. 1996, S.36ff. (zit. S.45)

[139] Ebd., S.38

[140] Vgl. diesbezüglich: Kapitel VI.1 (Lovepangs™-Kongress, Volksbühne Berlin).

mittlung"[141] hat sich zu einem Kern- und Angelpunkt der Kunstpräsentation und -rezeption verdichtet.

Bereits 1996 hat sich Georg Schöllhammer mit diesem Phänomen auseinandergesetzt und darauf hingewiesen, dass die Spezialisierung der Sprache innerhalb der Mikroökonomie dieser „KuratorInnenwelt" einem Formalismus Vorschub leistet, „dessen Kohärenz und Totalität nur mehr denen verständlich ist, die seine systemische Wirkung innerhalb dieses Betriebes abschätzen und bestimmen können: den KuratorInnen" selbst.[142]

Abgesehen vom Einfluss auf den monetären und symbolischen Gewinn sei diese Form der Arbeit gefährlich, wenn sie von sich glaubt, „ihre Praxis innerhalb von politisch gänzlich machtlosen Institutionen bürgerlicher Repräsentation als politisch begreifen" und „aus jedem ihrer Themen gleich auch in diesem Raum politischen oder sozialen Aktivismus generieren zu können", stellt Schöllhammer in seinen Ausführungen fest.[143]

In seiner Replik *God is a Curator* verteidigt der Kurator, Kritiker und Leiter des Kunstvereins Wolfsburg, Justin Hoffmann, die Praxis der Kuratoren, vergleicht sie, was auch der Titel seiner Ausführung schon nahelegt, mit der Konzeption und Inszenierung eines DJs[144], stellt Modelle unterschiedlicher und gängiger kuratorischer Zugänge dar und plädiert für ein Wiederaufgreifen des in den 1990er Jahren gängigen Begriffs *KulturproduzentIn*.

Angesichts des interdisziplinären, multimedialen Kunstschaffens, im Rahmen dessen Sparten und Tätigkeitsfelder in Alltag und Praxis überschritten werden und zusammenwachsen, könnte der Begriff *KulturproduzentIn* „zukunftsweisend sein, und nicht zuletzt dazu beitragen, die Distanz zwischen KuratorInnen und KünstlerInnen zu verringern".[145]

Diese Herangehensweise ist ganz im Sinn der integrativen Inszenierungen. Ihre MacherInnen sind in den verschiedensten Bereichen tätig und sie machen, im Rahmen ihrer Tätigkeit und ihrer Aktionen keinen Unterschied zwischen Profis und Laien, zwischen KünstlerInnen verschiedenster Sparten und Nicht-KünstlerInnen.

141 Neben den KuratorInnen kommt im Museumsalltag einer weiteren Berufsgruppe vermehrt Bedeutung zu: den KunstvermittlerInnen. Vgl. diesbezüglich u.a. Sturm, Eva: „Woher kommen die Kunst-VermittlerInnen? Versuch einer Positionsbestimmung", in: Sturm, Eva / Rollig, Stella (Hg.): *Dürfen die das? Kunst als sozialer Raum.* Wien: Turia + Kant. 2000, S.98ff.

142 Schöllhammer, Georg: „Kuratiert von ...", in: Tannert, Christoph / Tischler, Ute (Hg.): *Men in Black. Handbuch der kuratorischen Praxis.* Künstlerhaus Bethanien, Berlin. Frankfurt/Main: Revolver. 2004, S.31–34 (Zuerst erschienen in: *Springer – Hefte für Gegenwartskunst,* Band II, 1/1996, Wien)

143 Ebd., S.33

144 Der Titel variiert das Diktum „God is a DJ", paraphrasiert den gleichnamigen Song von Faithless (1998)

145 Hoffmann, Justin: „God is a Curator", in: Tannert, Christoph / Tischler, Ute (Hg.): *Men in Black. Handbuch der kuratorischen Praxis.* Künstlerhaus Bethanien, Berlin. Frankfurt/Main: Revolver. 2004, S.111–117

Sie sind an kulturellen, gesellschaftlichen Fragen interessiert und sie integrieren unterschiedlichste Disziplinen und Herangehensweisen in ihren Aktionsradius. Grenzüberschreitende Maßnahmen sind ihnen alltägliche Bewegungen und ein Anliegen, genauso wie der Abbau institutioneller Hierarchien.

Tatsächliche und nicht nur behauptete Interdisziplinarität liegt ihren Handlungsweisen zugrunde. So verschieden ihre Arbeit ausfällt, so unterschiedlich sie sich auch manifestiert, das Erforschen von Alltag und Lebensbedingungen ist ihnen als GestalterInnen ein maßgebliches Anliegen. Sie agieren als Phänomenologen, begegnen der Welt mit Interesse und Neugier, auf der Suche nach Zwischenräumen, in denen es sich denken und agieren lässt.

IV.4 VOM DRITTEN ZUM VIERTEN ORT

Der amerikanische Soziologe Ray Oldenburg hat in den 1980er Jahren den Begriff des *Dritten Ortes* eingeführt und zur kritischen Diskussion gestellt. Im Gegensatz zum *Ersten Ort* (das individuelle Umfeld, die Wohnung), zum *Zweiten Ort* (der Arbeitsplatz), subsumierte Oldenburg unter *Dritter Ort* Treffpunkte (Kaffeehäuser, Lokale, Geschäfte), die nicht inszeniert, für alle zugänglich sind und eine wesentliche Funktion für die *res publica*, das demokratische Staatswesen, erfüllen. Oldenburg weist auf das Verschwinden jener Orte der Begegnung hin und auf die damit ursächlich in Zusammenhang stehende rasante Verbreitung der Shopping Malls und Fastfood-Restaurants.

Der Begriff *Dritter Ort*, einverleibt durch das Marketing, bezeichnete in weiterer Folge in seiner positiven Konnotierung, inszenierte Räume der Erlebnis- und Konsumkultur: Shopping Malls, Themenparks, Multiplex-Center u.a.[146] *Dritter Ort*, aufgegriffen, einverleibt und umgedeutet steht fortan für die gezielte marketingorientierte Inszenierung von Räumen der Massenkultur. Für emotional aufgeladene Erlebnisgaranten im Rahmen der Freizeit- und Konsumindustrie.

Auch das Museum, als frei zugänglicher Ort, wird den *Dritten Orten* zugerechnet. – Pros und Contras inklusive.

Markus Laumann, der in seiner Master Thesis den Versuch unternimmt, das Museum als *Vierten Ort* zu definieren, setzt sich mit Hilfe von vier Konzepten, mit

146 Vgl. diesbezüglich: Mikunda, Christian: *Marketing spüren: Willkommen am Dritten Ort.* Heidelberg: Redline Wirtschaft. 2007, und: Mikunda, Christian: *Der verbotene Ort oder die inszenierte Verführung: Unwiderstehliches Marketing durch strategische Dramaturgie.* Frankfurt: Redline Wirtschaft. 2005

James Cliffords *Contact Zone*[147], Homi K. Bhabhas *Third Spaces* und *Das Konzept Neugier*[148], sowie Foucaults Heterotopie-Begriff, mit einem Museum auseinander, das auf qualifizierte Andersartigkeit setzt, sich seiner politischen Funktion und Verantwortung bewusst ist, als Diskursplattform fungiert und jenseits von reiner Repräsentationskultur als aktiver und kulturell produktiver Ort gestaltet ist.

Laumann tritt für ein Museum ein, das als gesellschaftlicher Reflexionsraum für die Gegenwart auftritt, dessen Stärke die Verbundenheit mit der Vergangenheit ist und das den Dialog zwischen heterogenen Kulturen und Communities fördert.[149] Er plädiert für ein Museum als Heterotopie im Sinne Foucaults, für ein Museum als *anderer Ort*, als Ort mit „viel unprogrammierter Fläche“, in dem sich „Anderes“ manifestieren kann.[150] An dem unterdrücktes Wissen zum Vorschein kommt und Gegenerzählungen ihren Platz finden. Er möchte ein Museum als alternativen, widerspenstigen Ort, als einen Ort, der sein ganzes Potenzial ausschöpft und an dem Neues möglich wird.

In diesem Zusammenhang sei auf die Kunsthistorikerin Irit Rogoff verwiesen, die sich mit dem *Shift* von einer Museumspolitik der Repräsentation hin zu einer der Partizipation auseinandersetzt. Differenz (in Bezug auf Geschlecht, Kultur, Ethnie) und Subjektivität vor dem Hintergrund von Migration und geopolitischen Veränderungen treten als maßgeblich konstituierende Komponenten im kulturellen Feld zu Tage, kommen im Museum zum Tragen, und finden in ihrer Auseinandersetzung Beachtung.[151]

Rogoff macht im Rahmen ihrer Ausführungen drei Möglichkeiten der partizipatorischen Ausstellungsgestaltung fest. Die Anbindung an die historisch partizipative Verortung eines Themas (Frauen, feministische Kunstbewegungen u. a.) ist eine davon. Die zweite, das Angebot der Identifikation mit der Transgression; eine kritische Auseinandersetzung mit dem Normativen. Die dritte Möglichkeit der Aktivierung und zur Aktivität schließlich besteht darin, den Ausstellungsraum als Bühne zu begreifen, als Ort, den sich das Publikum aneignen kann, der zur Selbstpräsentation („self-staging“) des Publikums einlädt und dient.[152]

[147] Vgl. Clifford, James: Routes: *Travel and Translation in the Twentieth Century*. Cambridge, MA: Harvard University Press. 1997, S.188ff.

[148] Der postkoloniale Theoretiker Homi K. Bhabha prägte den Begriff des „dritten Orts“ bzw. des intermediären Raumes neu. Er versteht ihn als unerkannten Denkraum, als „Nicht-Ort“, zwischen dem transitorischen Ort des subjektiven Heims und dem des historischen Ortes. Vgl. Bhabha, Homi K.: *Die Verortung der Kultur*. Tübingen: Stauffenburg Verlag, 2000 (1994)

[149] Laumann, Markus: *Das Museum als Vierter Ort*. Wien: Universität für angewandte Kunst, Master Thesis. 2008, S.10

[150] Ebd., S.27

[151] Rogoff, Irit: „How To Dress For An Exhibition“, Hannula, Mika (Hg.): *Stopping the Process. Contemporary Views on Art and Exhibitions*. Helsinki: NIFCA: The Nordic Institute for Contemporary Art. 1998, S.130ff.

[152] Ebd., S.135

IV.5 HAPPENING

Der amerikanische Künstler Allan Kaprow hat die Spur gelegt, das Environment zum *Happening* überführt (er war es auch, der den Begriff geprägt hat).[153] Kaprow hat, in der Tradition der Avantgarden (Futurismus, Dadaismus), mit seinen Arbeiten einen spartenübergreifenden Ansatz etabliert und mit der Überwindung der klassischen Trennung von AkteurInnen und Publikum die Konventionen für die Kunstpraxis neu definiert.

Kaprows präzise konzipierte und mit exakter Partitur versehene Arbeit *18 Happenings in 6 Parts* (1958) in der Reuben Gallery in New York gilt im Allgemeinen als Grundstein des Genres und hat Kunstgeschichte geschrieben.[154] Helmut Ploebst beschreibt dieses richtungsweisende Happening als „räumliches, bildnerisches, choreografisches und akustisches Konstrukt, in dem das Publikum mit ‚organisiert' wird und nach Plan Platzwechsel vollziehen muss. Damit ist dieses Happening aber auch Vorläufer des heute in verschiedenen Formen etablierten künstlerischen oder kuratorischen Performance-Parcours, in dem die Besucher innerhalb einer Architektur von Aufführungsort zu Aufführungsort wandern."[155]

Interessiert am Experiment und der Veränderung, hat Kaprow mit kulturellen Erwartungen und standardisierten Raumvorstellungen in Bezug auf theatrale Produktionen gebrochen (seine Arbeiten wurden mitunter als „noch kein Theater, oder keines mehr" klassifiziert) und ist mit seinen Improvisationen für eine neue Form des trial and error eingetreten. Er etablierte den Versuch, das Ausprobieren von Settings und Handlungsabläufen, von experimentellen Raumorganisationen und performativer Aktion und Intervention. Das Publikum wird bei Kaprow mittels präziser Instruktionen nicht zum gleichberechtigten Akteur im interaktiven Umfeld, sondern quasi zum Requisit des Happenings

[153] Weitere frühe Vertreter des Happenings als Kunstform waren u.a. Jim Dine und Claes Oldenburg (die beiden hatten mit Kaprow auch die Judson Gallery in New York gegründet), sowie Carolee Schneeman.

[154] Andere Quellen nennen „Theater Piece No. 1" (1952, Black Mountain College) von John Cage, der in den 1950er Jahren Kaprows Lehrer war, als erstes Happening. Vgl. Encyclopaedia Britannica: http://www.britannica.com/facts/11/797623/happening-as-discussed-in-Cage-John (26.3.2010) Zur Raumkonstruktion von *18 Happenings in 6 Parts*, der Unterteilung der Galerie in drei Räume (aus, mit semitransparten Plastikfolie bespannten Holzrahmen), sowie zum Ablauf des Happenings: vgl. Schimmel, Paul: „Leap into the Void: Performance and the Object", in: *Out of Actions: Between Performance and the Object, 1949–1979*, MoCA Los Angeles, New York/London. 1998, S.61f. Verwiesen sei an dieser Stelle auch auf die Reinvention von *18 Happenings in 6 Parts* durch den Künstler Steven Roden im Jahr 2008. (22. April – 26. April 2008, LACE, Los Angeles Contemporary Exhibitions). Vgl. http://www.moca.org/kaprow/index.php/category/lace/ (26.3.2010)

[155] Ploebst, Helmut: „History II: Allan Kaprows *18 Happenings in 6 Parts* Redone", 2006, http://www.corpusweb.net/index.php?option=com_content&task=view&id=309&Itemid=68 (24.3.2010)

Kaprows *list of rules* in Bezug auf das Happening liest sich in ihren wesentlichen Punkten wie folgt:[156]

- The line between art and life shoult be kept as fluid, and perhaps indistinct, as possible.
- Therefore, the source of themes, materials, actions, and the relationships between them are to be derived from any place or period except from the arts, their derivates, and their milieu.
- The performance of a Happening should take place over several widely spaced, sometimes moving and changing, locales.
- Time, which follows closely on space considerations, should be variable and discontinuous.
- Happenings should be performed once only.

Ziel für Kaprow ist es, die Dinge in Bewegung zu bringen und sich auf das Unerwartete einzulassen, es zu provozieren und passieren zu lassen. Das Entdecken von innovativen Formen und neuen Sprachen steht im Mittelpunkt seiner Annäherungen und Ausführungen. Er plädiert für ein Öffnen und Fließen des Raumes. Erst in weiterer Folge steht für ihn das Verdichten auf dem Programm.

Kaprow macht sich für das Experiment jenseits des Parameters *Zeit* stark. (Außer die Zeitvorgabe ist maßgeblicher Teil des Events.) Es geht ihm um das Erfahrbarmachen von Zeit im Rahmen einer Handlung, in Bezug auf eine Aktion, die Dinge und den Raum.

Erika Fischer-Lichte bezeichnet das besondere Körperempfinden, den faktischen Gebrauch von Materialien und Gegenständen, das spezifische Zeiterlebnis sowie eine bestimmte Art der Raumwahrnehmung und die aus diesen Faktoren resultierende aktive Zuschauerposition als die Merkmale des Happenings.[157]

Das Verhältnis von Kunst und alltäglichem Leben, von sozialer und politischer Praxis hat in Deutschland die Happenings, von Künstlern wie Joseph Beuys und Wolf Vostell oder Bazon Brock geprägt.[158] Das Happening, ab den 1970er Jahren die Performance Art, als theatrale Aktion mit Ereignishaftigkeit sollte den Blick

[156] Vgl. Kaprow, Allan: „Excerpts from ‚Assemblages, Environments & Happenings'" (1966), in: Sandford R., Marielle (Hg.): *Happenings and other Acts*. London, New York: Routledge. 1995, S.235ff.

[157] Vgl. Fischer-Lichte, Erika: *Grenzgänge*. Stuttgart: UTB. 1998, S.2–7

[158] Zum Thema „Protestkultur und Happening" vgl. auch: Kraus, Dorothea: *Theater-Proteste. Zur Politisierung von Straße und Bühne in den 1960er Jahren*. Frankfurt/Main: Campus. 2007, S.172ff. Mit der Geschichte und Theorie des Performativen und performativen Maßnahmen in Bezug auf Globalisierung, Migrationspolitik und Feminismus hat sich Gini Müller befasst. Die Theaterwissenschaftlerin hat eine Theorie des Transversalen/Queeren des Performativ-Politischen entwickelt. Vgl. Müller, Gini: *Possen des Performativen. Theater. Aktivismus und queere Politiken*. Wien: Turia + Kant, 2008

auf Fragen der Zeit fokussieren und Zusammenhänge sichtbar machen. Vostell, der mit seinen Aktionen, den *Dé-collagen*, wie er sie nannte, gesellschaftlichen Konsens thematisieren und Widersprüche aufzeigen wollte, war daran interessiert, Bewusstseinsschichten freizulegen.[159]

Vostell trat dafür ein, die Grenzen von Leben und Kunst aufzulösen. Kunst war für ihn nicht vom Leben zu trennen. „Im inszenierten Ereignis trifft die Spontaneität und Kontingenz des Lebens auf das künstlerische Formprinzip", stellt Christoph Zeller in Bezug auf Vostells Zugang fest.[160]

„Performance Art, die ihre Vorläufer im Happening sowie in Aktionen der historischen Avantgardisten hat, brachte Bewegung in die bildende Kunst, den Bereich, in dem sie üblicherweise angesiedelt wird", schreibt Barbara Büscher.[161]

Und RoseLee Goldberg merkt an: „Historically, performance art has been a medium that challenges and violates borders between disciplines and genders, between private and public, between everyday life and art, and that follows no rules. In the process, it has energized and affected other disciplines – architecture as event, theatre as images, photography as performance."[162]

An mancher Stelle als Theatralisierung der Kunst thematisiert, an anderer als Gegenentwurf zum Theater interpretiert: was feststeht ist, dass jenseits der willkürlich gezogenen Genre-Grenzen, sowohl die Performance Art, wie auch experimentelle Theaterformen durch Live-Charakter, Transgression und Partizipation geprägt sind. Und, dass an der Entwicklung bildende Künstler und Theaterschaffende, Schriftsteller und Musiker beteiligt waren.

Die Unmittelbarkeit der Erfahrung, das Transitorische, das Überwinden von Grenzen in jeglicher Hinsicht und das Schaffen offener, partizipativer Settings, das Beziehen einer kritischen Haltung, das In-Opposition-Gehen, die Verweigerungshaltung und die Arbeit an Gegenentwürfen sind maßgebliche Merkmale des Happenings und der Performance Art wie auch experimenteller Theaterformen.[163]

159 Vostell, Wolf: „Happening", in: *Theater Heute*, 5 (1965), S.29

160 Vgl. Zeller, Christoph: *Ästhetik des Authentischen. Literatur und Kunst um 1970.* Berlin, New York: De Gruyter. 2010, S.134ff.
Zu Vostell vgl. auch: Becker, Jürgen / Vostell, Wolf: *Happenings, Fluxus, Pop Art, Nouveau Réalisme. Eine Dokumentation.* Reinbek: Rowohlt. 1965

161 Büscher, Barbara: „Theater und elektronische Medien. Intermediale Praktiken in den siebziger und achtziger Jahren. Zeitgenössische Fragestellungen für die Theaterwissenschaft", in: Fischer-Lichte, Erika / Greisenegger, Wolfgang / Lehmann, Hans-Thies (Hg.): *Arbeitsfelder der Theaterwissenschaft.* Tübingen: Gunter Narr Verlag. 1994, S.197

162 Goldberg, RoseLee: *Performance – Live Art Since The 60s.* London: Thames & Hudson. 1988, S.30f.

163 Vgl. diesbezüglich auch: Büscher, Barbara: „Theater und elektronische Medien. Intermediale Praktiken in den siebziger und achtziger Jahren. Zeitgenössische Fragestellungen für die Theaterwissenschaft", in: Fischer-Lichte, Erika / Greisenegger, Wolfgang / Lehmann, Hans-Thies: *Arbeitsfelder der Theaterwissenschaft.* Tübingen: Gunter Narr Verlag. 1994, S.197ff.

Genealogisch lassen sich wesentliche Erscheinungsformen der integrativen Inszenierung in der Tradition des Happenings und der Performance verorten.

Wie das Happening und die Performance zeichnen sich die integrativen Inszenierungen durch das situative[164], handlungsorientierte Moment, den Einsatz unterschiedlichster Medien, Materialien und haptischer und olfaktorischer Elemente sowie durch Performativität und Improvisation aus.

Was im Hier und Jetzt Form annimmt, überwindet herkömmliche Genregrenzen, thematisiert den Erfahrungsraum, die Wahrnehmung und Fragen der Zeit. Konkrete Ausprägungen manifestieren sich innerhalb eines breiten Spektrums möglicher Schwerpunktsetzungen: vom gesellschaftlichen Impetus bis zur spielerisch absurden Intervention, von der mehr oder weniger subversiven Inszenierung bis zum vordergründig plakativen Aufreger.

Wesentlich ist, dass die AkteurInnen keine fiktiven Rollenfiguren übernehmen, sie agieren als sie selbst. Und sie sind dabei aufgerufen, sich mit allen Sinnen am gemeinsam konstruierten und subjektiv erlebten Erzählraum zu beteiligen.

Der Handlungsraum bleibt ein offener. Die Handlungen folgen keiner vorgegebenen Textvorlage, sie folgen einem Konzept, einer Partitur, einer Struktur, die alle Elemente der Handlung und Bewegung im Raum organisiert. Der Raum ist in Veränderung, es geht um Transfers, um das Aneignen von Räumen, das Verwandeln von Räumen, das Neudefinieren von Räumen. [165]

Wie beim Happening und der Performance werden in der Praxis der integrativen Inszenierungen alltägliche Gesten und Handlungen, Hierarchien und Werte in Frage gestellt, Kunst, Markt und Gesellschaft kritisch reflektiert, Körper und Raum zueinander in Bezug gestellt und Wahrnehmungsformen und -muster thematisiert.

164 Vielfach werden ursprünglich angestammte Ausstellungs- und Darbietungskontexte (z.B. Galerie-, Museums- oder der klassische Theaterraum) verlassen und neue Orte (Industriebauten, öffentlicher Raum etc.) bespielt.

165 Hinsichtlich der Raumorganisation, der Ausgestaltung des physischen Raumes lassen sich für die integrativen Inszenierungen weitere historische Referenzen wie Kurt Schwitters und sein Merzbau (1923) oder die Situationisten mit ihrer Idee des Labyrinths (1960) festmachen. – Zum Labyrinthischen vgl. auch „Höhlenkonstruktionen" im Rahmen der Auseinandersetzung mit „Raum für Sexkultur" (Büchel): Kapitel VI.3.8.

IV.6 INSTALLATION

Juliane Rebentisch beschreibt in *Die Ästhetik der Installation* die Neuerung, die Minimal Art und Installationskunst eingeführt haben, in der Tatsache, „dass die selbstreflexiv-performative Aktivität des Betrachters Beziehungen zum ästhetischen Gegenstand hier auch durch seine körperliche Aktivität herstellt, dadurch, dass er sich beispielsweise um das minimalistische Objekt oder die Elemente der Installation herumbewegt. Doch geht die selbstreflexiv-performative Aktivität des Betrachters eben nicht in einer körperlich-räumlichen Involvierung oder jenen interaktiven Spielen auf, die normalerweise mit dem Begriff der Betrachtereinbeziehung assoziiert werden."[166]

Die Objekte des Raumensembles treten im Rahmen der Installation nicht mehr in der Funktion als reine Darstellung auf, ihre Bedeutung entfaltet sich situativ, prozesshaft – in Interaktion mit den BetrachterInnen. Die Objekt-Raumbeziehung erfährt Veränderung, das semantische Interpretationsnetz ist offen geknüpft. Der objektivistische Werkbegriff vom autonomen Kunstwerk hat Verwandlung erfahren.

Die Erschließung der Installation setzt körperlich-räumliche Involviertheit voraus, die synästhetische Erfahrung ist wesentliches Moment der Rezeption. Rebentisch legt nahe, den zwischen Subjekt und Objekt stattfindenden Prozess als ästhetische Erfahrung zu begreifen und zu reflektieren.

Installationskunst, die vor allem im Bereich der Bildenden Kunst seit den 1970er Jahren als solche diskutiert wurde, manifestiert sich heute in nahezu allen künstlerischen Teilbereichen.[167] Sie ist gekennzeichnet durch ihre offene Form, durch Transgressivität, Integrativität und Partizipation. Die Überwindung von Grenzen, die Zusammenführung von Kunst und Leben, Alltag und Staat, das Adressieren des Publikums als aktive Mitgestalter, schreibt sich in sie ein

166 Rebentisch, Juliane: *Ästhetik der Installation*, Frankfurt/Main: Suhrkamp 2003, S.57

167 Sotirios Bahtsetzis stellt in seiner Dissertation *Geschichte der Installation* fest: „Obwohl in den letzten Jahren unzählige Monographien, Ausstellungskataloge und Zeitschriftenartikel sich dem Phänomen Installation gewidmet haben, existiert kein kunsthistorischer, komparatistischer Zugang dazu. Deswegen werden Einzelbeobachtungen, die weitgehend bestimmte Aspekte installativer Kunst erschlossen haben, kritisch dargelegt und schrittweise unter einem theoretischen Dach zu einer kohärenten Darstellung des Phänomens zusammengefasst." (Zit. S.6) – Er verortet die Installation in der historischen Avantgarde unter Berücksichtigung von Ausstellungsinszenierungen (Claude Monet), Räumen der Betrachterpartizipation (Piet Mondrian, El Lissitzky), selbstperformativen Räumen (Kurt Schwitters) und orts-situationsspezifischen Installationen (Marcel Duchamp). Vgl. Bahtsetzis, Sotirios: *Geschichte der Installation. Situative Erfahrungsgestaltung in der Kunst der Moderne*, TU-Berlin, 2005

Ursula Franke stellt fest, dass Installationskunst eine offene Form darstellt, „die noch in Bewegung ist, sich sinnvoll also nicht als neue Gattung verhandeln lässt und so insbesondere auch Widerstand gegen einen objektiven Werkbegriff im Sinne Adornos leistet".[168]

Das komplexe Ensemble der Installation entfaltet ortsspezifisch Wirkung. Installative Kunst entzieht sich klassisch tradierten (Interpretations-)Rahmen. Sie ist in ihrer Funktionsweise performativ, selbstreflexiv und progressiv. Sie schafft einen Resonanz- und Perzeptionsraum mit immersivem Charakter. Die BetrachterInnen werden in ihm zu AkteurInnen, sie begeben sich auf unbekanntes Terrain, bewegen sich im Neuland der Erfahrung.[169] Die Installation involviert „die ganzleibliche Polysensualität und die für das Werk jeweils konstitutiven Handlungsbezüge des Rezipienten".[170]

Claire Bishop weist darauf hin, dass es das Wesen der Installation ist, den Raum und das Ensemble aller Elemente in ihm zu einer Einheit verschmelzen zu lassen. Die Installation adressiert die BetrachterInnen direkt, das physische Betreten und die körperliche Einbettung mit allen Sinnen ist laut Bishop das wesentliche Merkmal der Installationskunst.[171]

Die Installation ist die raumspezifische Erscheinungsform der integrativen Inszenierung, gattungsübergreifend, intermedial-hybrid. Ihre Manifestationen im Theaterkontext, in der kulturwissenschaftlichen Vermittlungspraxis und der Bildenden Kunst, wird im Rahmen von „Mapping: Die integrative Inszenierung" (Kapitel VI) exemplarisch beleuchtet werden.

IV.7 KUNST IM ÖFFENTLICHEN RAUM

Die amerikanisch-koreanische Kunsthistorikerin Miwon Kwon beschreibt in *One Place after another* die Praxis der *art-in-public-places* als eine des Aufstellens von Kunst (Skulpturen) im öffentlichen Raum der USA in den 1960er und 70er Jahren. Maßgebliche konstituierende Faktoren sind der nichtinstitutionelle Raum und

168 Franke, Ursula: „Nach Hegel. Zur Differenz von Ästhetik und Kunstwissenschaft(en)", in: Früchtl, Josef / Moog-Grünewald, Maria: *Ästhetik in metaphysikkritischen Zeiten: 100 Jahre „Zeitschrift für Ästhetik und Allgemeine Kunstwissenschaft".* Hamburg: Felix Meiner Verlag. 2007, S.90

169 Vgl. u.a. „Die Inszenierung der Desorganisationsproblematik", Kapitel VI.3.3.

170 Graulich, Gerhard: *Die leibliche Selbsterfahrung des Rezipienten – ein Thema transmodernen Kunstwollens.* Essen: Die blaue Eule. 1989, S. 17.

171 Vgl. Bishop, Claire: *Installation Art. A Critical History.* London: Tate Publishing. 2005, S.6

der Umstand, dass die Werke frei zugänglich sind. Im Rahmen „konkurrierender Kommunikationspraxen“ (Negt/Kluge) am Schauplatz Öffentlichkeit stellt Kwon *Public Art*-Ansätze und Manifestationen vor. Sie beschreibt deren Entwicklung und Nicht-Entwicklung, respektive deren Scheitern in den letzten vier Jahrzehnten. [172]

Im Sinne der Demokratisierung von Kultur und der Thematisierung des öffentlichen Raums als Handlungsraum fällt der Kunst im öffentlichen Raum dem Diktum des Deutschen Kulturpolitikers Hilmar Hoffmann folgend, als „Kunst für alle“[173], in Deutschland, Österreich[174] und der Schweiz seit den 1970er Jahren vermehrt Bedeutung zu. Als kommunikative Angebote, die Fragen stellen, Aufmerksamkeit auf sich und gesellschaftsrelevante Thematiken (um-)lenken, als Freiraum generierende Maßnahmen in einer von der Ökonomisierung nivellierten Umgebung, finden unterschiedliche Ansätze der kulturellen, ortspezifischen Praxis ihren Niederschlag.

Allen Zugängen gemein ist, dass die Kunst im öffentlichen Raum „niederschwellig“ und im direkten Lebensumfeld die PassantInnen mehr oder weniger explizit mit formalen, ästhetischen und inhaltlichen Aspekten zeitgenössischen Kunstschaffens konfrontiert.[175]

Als Kommentare zum soziokulturellen Umfeld und zur Historie des konkreten Ortes, in den sie sich einschreiben, legen die Werke in ihren unterschiedlichen Erscheinungsformen Lesarten nahe, verweigern sich mitunter allzu direkten Interpretationen, regen zum Befragen des *Status quo* an. Ob interventionistisch oder partizipatorisch, es sind Fragen wie die folgenden, welche die Kunst im öffentlichen

[172] Kwon, Miwon: *One Place After Another: Site Specific Art and Locational Identity.* Cambridge, MA. London: MIT Press. 2002, S. 60

[173] Vgl. Hoffmann, Hilmar: *Kultur für alle. Perspektiven und Modelle.* Frankfurt/Main: Fischer. 1979. S.11ff.

[174] In Wien beispielsweise wird Kunst im öffentlichen Raum von der KÖR ausgeschrieben und abgewickelt. Das Mission Statement liest sich wie folgt: „Die Aufgabe der KÖR GmbH ist die Belebung des öffentlichen Raums der Stadt Wien mit permanenten bzw. temporären künstlerischen Projekten. Dadurch soll die Identität der Stadt und einzelner Stadtteile im Bereich des Zeitgenössischen gestärkt sowie die Funktion des öffentlichen Raums als Agora – als Ort der gesellschaftspolitischen und kulturellen Debatte – wiederbelebt werden. KÖR versteht Kunst im öffentlichen Raum nicht als Dekor, sondern als Angebot zur Auseinandersetzung mit Inhalten und radikalen ästhetischen Setzungen sowie als symbolische Markierung bislang kulturabstinenter Territorien.“ Quelle: http://www.koer.or.at/de/about/ (23.3.2010)
Zur Geschichte der Kunst im öffentlichen Raum, ihrer Entwicklung, Verortung und differenziellen Praxis im Stadtraum Wien vgl. auch Thomas Edlingers Ausführungen. In: KÖR – Kunst im öffentlichen Raum GmbH, Kunsthalle Wien; Leidl, Bettina / Matt, Gerald (Hg.): *Wem gehört die Stadt? Wien – Kunst im öffentlichen Raum seit 1968.* Nürnberg: Verlag für moderne Kunst. 2009, S.14ff.

[175] In Bezug auf die Entwicklung des Diskurses, und unterschiedliche Praktiken der Produktion und ortspezifische Manifestationen sei an dieser Stelle auf Uwe Lewitzky verwiesen. Lewitzky macht seine Ausführungen exemplarisch an drei konkreten Beispielen fest: „Shipped Ships“ (Ayse Erkmen), „Wochenklausur“ (Wolfgang Zinggl u.a.), „Park Fiction“ (Christoph Schäfer u.a.). Vgl. Lewitzky, Uwe: *Kunst für alle? Kunst im öffentlichen Raum zwischen Partizipation, Invervention und neuer Urbanität.* Bielefeld: Transcript. 2005, S.77ff.

Raum stellt bzw. die im betreffenden Diskurs auftauchen: Was ist der öffentliche Raum? Was ist Öffentlichkeit, welchen Wandlungen ist sie unterworfen? Wem gehört der öffentliche Raum? Wer bemächtigt sich eines bestimmten Ortes? Welche Vergangenheit hat ein bestimmter Ort (in sozialer, politischer, kultureller Hinsicht)? Wie wird Historie verhandelt? Welche Bewegungen legt der öffentliche Raum nahe/ welche Bewegungen erlaubt er dem Subjekt? Wie sehen aktuelle Hierarchien und Herrschaftsverhältnisse den Raum betreffend aus? Wie ist die Verfügungsgewalt über verschiedene Sorten von Kapital (ökonomisches, intellektuelles, kulturelles etc.) verteilt? Wie schreibt sich aktuelle (Kultur-)Politik und der *Common Sense* in ein Werk (und dessen Rezeption) ein? Was erzählt ein bestimmtes Kunstwerk? Wie lässt es sich lesen? In welcher Form lenkt es Blickrichtungen (um)?[176]

Angesichts der von Debord beschriebenen Entfremdung des Individuums in der Gesellschaft des Spektakels[177], der affirmativ-repräsentativen Funktion von Raum und in Anbetracht der Tatsache, das gerade urbane Ballungszentren zu Kampfzonen der *Meme*[178] der Gobal Player geworden sind, setzt die Kunst im öffentlichen Raum Zeichen. Dem Subjekt, das in der Informations- und Dienstleistungsgesellschaft zu-

[176] Vgl. diesbezüglich auch: Grothe, Nicole: *InnenStadtAktion. Kunst oder Politik? Künstlerische Praxis in der neoliberalen Stadt.* Bielefeld: Transcript. 2005. Grothe verweist darauf, dass seit der Abkehr von den „Drop Sculptures", von im Atelier entstandenen Werken, die im öffentlichen Raum aufgestellt oftmals eher deplatziert wirken, die Debatte über Kunst im öffentlichen Raum seit Mitte der 1990er Jahre von „site-specifity", vom ortsspezifischen Arbeiten geprägt ist. Umso verwunderlicher wäre für sie, merkt Grothe an, dass sich KünstlerInnen wie KritikerInnen hinsichtlich der Präsentation und Rezeption der Arbeiten in den meisten Fällen darauf beschränken würden, von einer Heterogenität der Öffentlichkeit (im Falle der Kunst im öffentlichen Raum) im Gegensatz zu einer kleinen Kunstöffentlichkeit (in Bezug auf kunstkontextspezifische Verortung) zu sprechen. In den seltensten Fällen würde in Betracht gezogen werden, dass die Öffentlichkeit, „die als Rezipientin von Kunst im öffentlichen Raum gilt, eine hierarchisch strukturierte ist, beziehungsweise in verschiedene Teilöffentlichkeiten zerfällt, und dass die verschiedenen Interessen dieser Teilöffentlichkeiten zuweilen Konflikte hervorrufen (...)" (Zit. Grothe, S.10)

[177] Verwiesen sei in diesem Zusammenhang auch auf die Kritik an Debord und seiner Argumentation, auf die „theoretische Sackgasse des Begriffs". Der Begriff würde „hinter das zurückfallen, was Marx und Engels unter dem Begriff ‚Ideologie' verstanden" hatten, schreibt Gilles Dauvé. Und weiter: „Debords Buch *Die Gesellschaft des Spektakels* zeigt sich als Versuch, die kapitalistische Gesellschaft und die Revolution zu erklären, obwohl es nur deren Formen in Betracht zieht, die zwar ein wichtiges, aber nicht entscheidendes Phänomen sind. Es kleidet deren Beschreibung in eine Theoretisierung, die den Eindruck einer grundlegenden Analyse vermittelt, wo in Wirklichkeit die Methode und das Subjekt, die untersucht werden, stets auf der Ebene des gesellschaftlichen Scheins bleiben. Auf dieser Ebene ist das Buch hervorragend. Problematisch ist, dass es geschrieben (und gelesen wurde), als ob man darin etwas finden würde, was es nicht enthält." Vgl. Dauvé, Gilles: „Kritik der Situationistischen Internationale", in: Ohrt, Roberto: *Das große Spiel. Die Situationisten zwischen Politik und Kunst.* Hamburg: Edition Nautilus, 2000 (1999), S.116 (Zuerst veröffentlicht unter dem Autorennamen Jean Barrot in der Zeitschrift *Red Eye* in Berkley, 1979)

[178] Geprägt wurde der Begriff *Meme* vom britischen Evolutionsbiologen Richard Dawkins (1976). Dawkins beschreibt mit seinem kulturellen *Meme*-Konzept, analog zum biologischen Gen, das Prinzip der Informationsweitergabe. Ein *Meme* ist die Gedankeneinheit, die sich durch die Kommunikation im *Meme*-Pool verbreitet. *Meme* sind, laut Dawkins, die Träger der kulturellen Information. Stärkere *Meme* schreiben sich in die Gesellschaft ein, sie erhalten Aufmerksamkeit, prägen das Verhalten, definieren Paradigmen und die kulturelle Evolution.
Vgl. Dawkins, Richard: *Das egoistische Gen.* Reinbek/Hamburg: Rowohlt. 1996. (1976)

nehmend – und gerade im Stadtraum – als KonsumentIn adressiert wird, werden im Idealfall mit der Kunst im öffentlichen Raum mögliche Verortungsszenarien angeboten und Handlungsfelder eröffnet.

„Gelungene" Kunst im öffentlichen Raum geht nicht von einer homogenen Öffentlichkeit aus, sondern ist sich soziokultureller und geopolitischer Fragen der Zeit bewusst, sie versucht Beiträge zu einer demokratischen Öffentlichkeit zu leisten. Sie bewerkstelligt die Transgression von Privatem und Öffentlichem, schafft, im Falle von non-temporären Projekten, die Positionierung im Spannungsfeld der Vermittlung kultureller Werte, der Anforderungen an sie als Image- und Werbeträger und der Funktion als städtebauliche Maßnahme.

In Form von Aktionen, temporären Interventionen oder performativen Projekten definiert Kunst im öffentlichen Raum den Raum neu, verändert ihn, sie lädt zur veränderten Nutzung ein, thematisiert alternative Handlungsarten. Sie erschließt Zwischenräume, erobert Raum zurück, macht das Publikum zu MitproduzentInnen im Erfahrungsraum.

Im besten Fall setzt Kunst im öffentlichen Raum der reinen Spektakelkultur und Effektproduktion subversive, differenzierte Positionen entgegen, regt zur Diskussion an, betreibt Agenda Setting in Sachen Raumkonstruktion und -wahrnehmung, sie befragt kulturelles Gedächtnis und schafft hybride Aktions- und Lebensräume im Sinne Meurers.[179]

Kunst im öffentlichen Raum dient nicht nur der Behübschung und ist folglich ästhetische Bereicherung, sie hat „dezidiert die Aufgabe, Stellung zu beziehen. Im Sinne gesellschaftlicher Verantwortung und moralischer Integrität, abseits der Musealisierung des Alltäglichen muss Kunst als Agent Provocateur des sozialen Gewissens in der Öffentlichkeit präsent sein, wider Populismus und Intoleranz".[180]

[179] Meurer, Bernd (Hg.): *Die Zukunft des Raums*. Frankfurt/Main: Campus. 1994, S.28ff.

[180] Auenhammer, Gregor: „Plädoyer zur Wachsamkeit. Vom politischen Auftrag und der enden wollenden Freiheit der Kunst", in: *Der Standard*, Sa./So. 20./21.3.2010, S.27

V. WISSENSVERMITTLUNG

V.1 MUSEUM

Der Mensch ist ein Sammler, er häuft anthropologisches Inventar an, füllt die Speicher mit Objekten aus der Natur und mit Zeugnissen seines kulturellen Schaffens. Das Sammeln und Zur-Schau-Stellen ist wesentlicher Teil der Kulturgeschichte seit den alten Griechen.

Kunst- und Wunderkammern von Klerus und Fürstenhäusern, Kabinette, Privatsammlungen und -museen wohlhabender Bürger wurden ab der Renaissance mit Kunst und Handwerk gefüllt. Seltenes, Kurioses, Profanes: willkürlich wurde Dingwelt zusammengetragen, um diese auszustellen, um sie zu „bewundern" (bzw. bewundern zu lassen) – lange vor der „Erfindung" des modernen Museums.

War all den Gegenständen „in ihrem früheren Leben ein bestimmter Verwendungszweck" zugekommen, „als Museumsstück haben sie ihn verloren. Somit rücken sie in die Nähe der Kunstwerke, die jeder nützlichen Zweckbestimmung entbehren", stellt Krzystof Pomian in *Der Ursprung des Museums* fest.[181]

Die Seltenheit eines Gegenstands prädestiniert ihn dazu, mit Bedeutung aufgeladen zu werden. Als enigmatisches Einzelstück legt er nahe, einer Sammlung eingegliedert und mit Sorgfalt konserviert zu werden. Ebenso ergeht es seltenen Produkten, die von Menschen hergestellt worden sind. „Das sind vor allem die Produkte, die gewöhnlich mit dem Ausdruck ‚Kunstwerke' bezeichnet werden."[182]

Ob Kunstsammlungen, wissenschaftliche Sammlungen, historische Sammlungen: heute widmen sich Museen nicht alleine dem Sammeln, Konservieren und Exponieren, ein wesentlicher Schwerpunkt ihrer Arbeit liegt im zeitgemäßen Wissenstransfer, dem Kommunizieren von Inhalten und Kontexten, der Verortung des Ausgestellten für verschiedene Communities. Das Nachdenken über die Form der Präsentation, den Wandel und die Funktionsweise von Ausstellungs-Displays[183]

[181] Pomian, Krzystof: *Der Ursprung des Museums. Vom Sammeln.* Berlin: Wagenbach. 1993, S.14

[182] Ebd., S.88

[183] Wurde in den 1970er Jahren der Inszenierungsbegriff vom Theater und vom Film übernommenen und auf das Ausstellungswesen angewandt, und folglich von Ausstellungs-Inszenierungen gesprochen, so hat sich seit den 1990er Jahren der Begriff Ausstellungs-Display etabliert. Vgl. Kaiser, Brigitte: *Inszenierungen und Erlebnis in kulturhistorischen Ausstellungen. Museale Kommunikation in kunstpädagogischer Perspektive.* Bielefeld: Transcript Verlag. 2006.

Vgl. auch: Barker, Emma (Hg.): *Contemporary Cultures of Display.* New Haven – London: Yale University Press. 1999.

Paolo Bianchi, der das Ausstellungs-Display als ausgewiesenen Dialograum beschreibt, der auf die „Interaktion zwischen GestalterInnen und NutzerInnen, zwischen KuratorInnen und BetrachterInnen, zwischen Objekten und Subjekten, zwischen Exponaten und Exposition" fokussiert, merkt an: „Das Display ist an keinen Kontext gebunden, es kann sich in jedem leeren Raum ereignen, wobei und die Befragung von Lesarten von sozialen und kulturellen Konstruktionen, die Objekte nahelegen, sind Anliegen der Vermittlungsarbeit.

Neue Formen der Wissensvermittlung[184] und die Etablierung des „Mitmach-Museums" haben seit längerem Institutionen jenseits der Naturwissenschaft erfasst. Interaktion und Partizipation[185] haben Eingang in den Kunst- und Kulturbereich gefunden. Auch kulturwissenschaftliche Vermittlungsarbeit setzt auf – qualitativ heterogene – Kontextualisierung mit Hilfe szenografischer und multimedialer Aufbereitung, in der Absicht, potenziellen Erkenntnisgewinn auf Seiten der RezipientInnen durch den Erlebnisaspekt zu intensivieren.[186]

In diesem Zusammenhang sei beispielsweise auf die Ausstellung *Impressionismus. Wie das Licht auf die Leinwand kam* in der Wiener Albertina (11.9.2009 – 14.2.2010) verwiesen. 75 Gemälde der Sammlung des Walraff-Richartz-Museums und der Fondation Corbourd (Köln), erweitert um Werke aus der Sammlung der Albertina und der Sammlung Batliner sowie um Leihgaben aus Privatbesitz und verschiedenen Museen wurden im Rahmen der Themenschau durch Künstlerobjekte, Malutensilien und -behelfe (z.B. optische Apparaturen) kontextualisiert, mit dem Ziel sie „begreifbar" zu machen. Neben der Verwendung von Schwarzweiß-Fototapeten (die historische Gemälde in pompösen Rahmungen zeigten), auf der ausgewählte Werke präsentiert wurden, waren die Stilisierung des Alltag des Künstlers, die Rekonstruktion der Annäherung an sein Motiv und das durch Vermittlungsszenarien veranschaulichte prozessuale Moment des Schaffens von u.a. Manet, Monet, Renoir, Cézanne und van Gogh mehr oder weniger gelungene Maßnahmen der didaktischen Aufbereitung der ambitionierten Präsentation.

im Vordergrund jedoch nicht die gestalterisch-kuratorische Anstrengung steht. (...) Das Display stellt nicht Werke als einen Teil eines Dialogs aus, sondern ist selbst das Werk eines Dialogs." Vgl. Bianchi, Paolo: „Die Ausstellung als Dialograum. Panorama atmosphärischer Gestaltungsmöglichkeiten von Displays", in: Bianchi, Paolo (Hg.): *Das Neue Ausstellen – Kunstforum International*, Bd. 186, Ruppichteroth. 2007, S.82

184 In diesem Zusammenhang sei auch auf die angewandte Psychologie verwiesen. Mittels wahrnehmungspsychologischer Forschungen (u.a. im Deutschen Museum in München) versucht man der Raumwahrnehmung, den Blickrichtungen, der Verweildauer und der subjektiven Raumerschließung von AusstellungsbesucherInnen auf den Grund zu gehen, um anhand dieser Erkenntnisse die Raumgestaltung, die Präsentation der Exponate und die Vermittlungstools (szenografische Interventionen, intermediale Stationen etc.) zu optimieren.

185 Robert Pfaller merkt an, dass aktuelle Praktiken, „die Leute ‚partizipativ' mit bestimmten Dingen in Berührung bringen wollen", verfehlt sind, wenn z.B. die Nützlichkeit von Museen an der Besucherquote gemessen wird. Der Argumentation seiner Theorie der *Interpassivität* folgend polemisiert Pfaller wie folgt: „Orte wie Museen erfüllen ihre Hauptfunktion doch nicht darin, dass sie besucht werden! Ihr größter Nutzen besteht vielmehr darin, dass man weiß, dass die Kunst in ihnen gut aufgehoben ist, und man nicht ständig hinzugehen braucht, um sie anzusehen." Vgl. Pfaller, Robert: *Ästhetik der Interpassivität.* Hamburg: Fundus, Philo Fine Arts. 2009, S.24

186 Vgl. Rosenegger-Bernard, Barbara. *Interaktion als Werkzeug der Vermittlung – ein Definitionsangebot. Begriffserklärungen, Abgrenzungen und kritische Betrachtung des Einsatzes von interaktiven Tools im Museums- und Ausstellungsbetrieb unter besonderer Berücksichtigung der kulturwissenschaftlichen Vermittlung.* Wien: Universität für angewandte Kunst, Master Thesis. 2008, S.14

Die Epoche schafft den Rahmen, lässt die thematische Klammer setzen, die Konstruktion des Künstlers als Genie gibt die Lesart vor. Dass die Produktion wie die Rezeption von Kunst soziokulturellen Faktoren bestimmter historischer Epochen entspricht und dass diese Wandlungen unterworfen sind, wird im Fall von *Impressionisten. Wie das Licht auf die Leinwand kam* nicht mitreflektiert. Traditionelle Vorstellungen von Objektivität und Wahrheit bestimmen das Ausstellungs-Display und die vorgegebene Lesart. Was Repräsentation erfährt, ist gleichsam die Darstellung objektivistischer Kunstgeschichte.[187]

Den BesucherInnen bleibt letztlich nur die Bewegung durch eine verwinkelte Leistungsschau wertvoller, alter Meister, und das Konsumieren einer Inszenierung der Aura des „Originals" und der Authentizität, die die „Voraussetzung zum einen des Zeugniswerts, zum anderen der Anmutungsqualität der Museumsobjekte"[188] darstellt.

Schon von seiner Logik her bedarf das Museum der Inszenierung, der „Explikation durch Exposition – und zwar deshalb, weil das Museum nur über Reste, Fragmente der Vergangenheit oder anderer, fremder Kulturen verfügt".[189] – Bisweilen funktioniert es mehr, bisweilen weniger: das Museum als „Ort der Selbstbeobachtung moderner Gesellschaften, als Ort, wo die *diversities of modernity* erkundet und reflektiert werden", wie Gottfried Korff es formuliert.[190]

Ganz im Sinn der Erkundung von gesellschaftlichen Zusammenhängen nimmt Charlotte Martinz-Turek in *Storyline. Narrationen im Museum* dezidiert die Institution in die Pflicht. Sie stellt fest: „Mit dem Ende der Geschichte und dem Auftauchen fragmentierter Geschichten könnte das Museum nun endlich seine Karten auf den Tisch legen und die Konstruktionen von Storylines transparent machen; ja die Schritte und stattfindenden Bedeutungsverschiebungen selbst zum Thema machen."[191]

Die Gedanken von Gottfried Korff und Charlotte Martinz-Turek aufgreifend sei an dieser Stelle auf Kapitel VI.2 verwiesen, in dem die Auseinandersetzung mit der Ausstellung „museum inside out" als integrative Inszenierung stattfindet. Exemplarisch werden in dem Zusammenhang Strategien der Kunstvermittlung als kuratorische Praxis ausgelotet, das Museum und seine Funktion als Wissensspeicher und Erfahrungsraum befragt, die Konstruktion von Geschichte(n) thematisiert und das Museum nicht nur als Speicher, sondern als Bühne betrachtet.[192]

[187] Vgl. diesbezüglich: Huber, Dieter: *Kunst als soziale Konstruktion*. München: Wilhelm Fink. 2007, S.355
[188] Korff, Gottfried: *Museumsdinge deponieren – exponieren*. Köln, Weimar, Wien. 2002, S.168
[189] Ebd., S.171
[190] Ebd., S.169
[191] Martinz-Turek, Charlotte: *Storyline. Narrationen im Museum*. Wien: Turia + Kant, 2009, S.27
[192] Vgl. Kapitel VI.2 („museum inside out", Museum für Volkskunde, Wien)

V.2. SCIENCE CENTER

Ganz im Sinn des Bildungsgedankens und der Freizeitgestaltung in der Wissensgesellschaft kommt der Vermittlung von Wissen und Information im Rahmen von so genannten Science Centers eine immer größere Bedeutung zu; edukativ, partizipativ. Das Wecken der Neugier, das spielerische Erfahrbarmachen von Wissensinhalten, das Erleben von Zusammenhängen mittels interaktiver Stationen und Hands-On-Tools[193] im Rahmen erlebnispädagogischer Aufbereitung liegen voll im Trend.

In der Tradition der Aufklärung steht die Popularisierung von Wissenschaft im Fokus der Vermittlung.

Zurückgehend auf die Öffnung privater Sammlungen Anfang des 19. Jahrhunderts, um auch Laien wissenschaftliche Erkenntnisse zugänglich zu machen, wird die von Wilhelm Meyer 1888 gegründete Berliner *Urania* vielfach als das erste Science Center weltweit betrachtet. Spektakuläre Vorführungen wissenschaftlicher Experimente und die Veranschaulichung prozessualer Vorgänge waren dazu gedacht, Einblick in naturwissenschaftliche Phänomene zu erhalten.

Das von Frank Oppenheimer 1969 gegründete *Exploratorium* in San Francisco, quasi die „Urmutter" aller heutigen Science Center, setzte Maßstäbe in Sachen Interaktivität. Die BesucherInnen wurden, didaktisch auf der Höhe der Zeit, gleichsam zu AkteurInnen, zu Mitproduzenten ihrer eigenen Wissenserfahrung.[194]

Seit Mitte der 1980er Jahre breiten sich die Science Center rasch von den USA nach Europa aus. Der Erfolg spricht für diese zeitgemäße Form der Wissensvermittlung. In Winterthur entsteht das *Technorama*, in Helsinki das *Heureka*, in Bristol das *Exploratory*, in Amsterdam das *New Metropolis*, in Berlin, als Teil des Deutschen Technikmuseums, das *Spectrum*, und in Flensburg das *Phänomenta*. In Bremen entsteht 2000 das *Universum*.[195]

193 Barbara Rosenegger-Bernard stellt in Bezug auf den Hype um „Hands-on"-Displays fest: „Der Einsatz interaktiver Applikationen und so genannter Hands-on in der institutionalen Wissensvermittlung war zunächst so spektakulär, dass allein ihr Dasein genügte, um für entsprechendes Publikumsinteresse zu sorgen. Das Hands-on wurde beinahe zum Synonym für Fortschritt. Mitunter werden bis heute Hands-on und andere interaktive Applikationen ohne relevante inhaltliche Bezüge zum Einsatz gebracht und so im Grunde auf den Unterhaltungswert reduziert." In: Rosenegger-Bernard, Barbara. *Interaktion als Werkzeug der Vermittlung – ein Definitionsangebot. Begriffserklärungen, Abgrenzungen und kritische Betrachtung des Einsatzes von interaktiven Tools im Museums- und Ausstellungsbetrieb unter besonderer Berücksichtigung der kulturwissenschaftlichen Vermittlung.* Wien: Universität für angewandte Kunst, Master Thesis. 2008, S.15

194 Zur Geschichte des *Exploratoriums*, wie auch zur Unterscheidung zwischen klassischem Technischen Museum und Science Center: vgl. Rosenegger-Bernard, Barbara. Ebd., S.48f.

195 Vgl. Fiesser, Lutz: *Raum für Zeit. Quellentexte zur Pädagogik der interaktiven Science-Zentren.* Flensburg: Signet. 2000

Und auch mit dem *Universum* ist die Geschichte der Erfolgswelle der *Science Centers* noch lange nicht zu Ende. Staunen und Fragen werden weltweit groß geschrieben, Mitmachen und Erleben gilt als Maxime.

In Österreich wurde, unter der Schirmherrschaft von Margit Fischer, der Gattin des amtierenden Bundespräsidenten, 2005 das *Science Center Netzwerk* gegründet. Dabei handelt es sich um einen Zusammenschluss von über 90 PartnerInnen aus Bildung, Wissenschaft und Forschung, Ausstellungsdesign, Kunst, Medien und Wirtschaft, mit dem Ziel „Wissenschaft auf leicht zugängliche Weise unmittelbar erlebbar und begreifbar machen".[196] Institutionelle NetzwerkpartnerInnen sind u.a. das A.I.T, das Ars Electronica Center in Linz, der Botanische Garten der Universität Innsbruck, das *Haus der Natur* in Salzburg, die *Inatura* in Dornbirn, der Nationalpark Hohe Tauern und das *Zoom* Kindermuseum.

Integrative Inszenierungen schreiben sich in das Feld der Science Center ein, und eine eigene diesbezügliche Schwerpunktsetzung wäre mit Sicherheit ein ergiebiges Forschungsunterfangen. Im Rahmen der vorliegenden Ausführungen gilt der Fokus allerdings der Manifestation der integrativen Inszenierungen in Bezug auf die Vermittlungsarbeit im Rahmen des kulturhistorischen Museums- und Ausstellungswesens.[197]

[196] Die vom Science Center Netzwerk ins Leben gerufene Schau „Erlebnis Netz(werk)e", die Wissenschaft spielerisch erfahr- und erlebbar macht, tourt seit Juni 2007 durch Österreich. Vgl. auch die Homepage des Vereins http://www.science-center-net.at/index.php?id=371 (21.3.2010)

[197] Vgl. Kapitel VI.2 („museum inside out", Museum für Volkskunde, Wien)

VI. MAPPING:[198] DIE INTEGRATIVE INSZENIERUNG

VI.1 LOVEPANGS™

Das Projekt Lovepangs™, dessen Auftakt die zwei österreichischen Künstlerinnen Jeanette Müller und Carmen Brucic aka *heavygirlsligthen*[199] in Zusammenarbeit mit der Dramaturgin des Hauses, Hanna Hurtzig[200], im Jahr 2001 an der Berliner Volksbühne initiierten, könnte gleichsam als Realität gewordener Wunsch Max Reinhardts gelesen werden.

Noch bevor Reinhardt 1905 die Direktion des Deutschen Theaters in Berlin übernahm, hatte er 1901 seinen Dramaturgen Arthur Kahane folgendes wissen lassen: „Man müsste eigentlich zwei Bühnen nebeneinander haben, eine große für

198 Als Mapping wird die Methode des subjektiven Kartographierens, die auf ein Thema „konzentriert erfolgt und die eingehende Analyse eines oder mehrerer Aspekte eines Orts erfordert, welche im Zentrum der thematischen Ausrichtung der Arbeit stehen", schreibt Nina Möntmann und beruft sich diesbezüglich auf Lucy Lippards *Mixed Blessing* (NY, 1990) und Denis Cosgroves *Mappings* (London, 1999). Weiters verweist Möntmann auf Frederic Jameson, der unter Rekurs auf Kevin Lynch die Ästhetik der Kultur hinsichtlich der *Frage des Raums* als Kartographieren der Wahrnehmung und Erkenntnis (cognitive mapping) bezeichnet und darin die Möglichkeit sieht, „den spezifisch geographischen und kartographischen Sachverhalt auf den gesellschaftlichen Raum hin neu zu denken". Vgl. Möntmann, Nina: *Kunst als sozialer Raum*. Köln: Walther König. 2002, S.48
Vgl. außerdem: Jameson, Frederic: „Postmoderne – zur Logik der Kultur im Spätkapitalismus", in: Huyssen, Andreas / Scherpe, Klaus R: *Postmoderne, Zeichen eines kulturellen Wandels.* Reinbek: Rowohlt, 1986

199 Nach den Lovepangs™-Aktivitäten in Berlin und Zürich entschloss sich das Duo Müller/Brucic auf Grund programmatischer Auffassungsunterschiede, sich zu trennen und den Lovepangs™-Kongress im Schauspielhaus Zürich (2002) nicht durchzuführen. Die Konzeptkünstlerin und Politikwissenschaftlerin Jeanette Müller setzte die im Angewandten begonnenen Wege im Theoretischen fort und schrieb ihre Dissertation zum Thema „Vertrauen und Kreativität. Zur Bedeutung von Vertrauen für diversive AkteurInnen in Innovationsnetzwerken". Carmen Brucic führte die Idee und formalen Wege von Lovepangs™ in Frankfurt, Gent, Ljubljana und am Wiener Burgtheater solo fort.

200 Hanna Hurtzig hat bereits im Jahr 2000 in ihrem Projekt „Filiale für Erinnerung auf Zeit" an den Hamburger Kammerspielen das Setting der im Rahmen des Lovepangs™-Kongresses an der Volksbühne zur Anwendung gekommenen Gesprächsinstallationen bezüglich kollektivem Gedächtnis und Wissenstransfers angewandt. Die gemeinsame Arbeit mit Müller und Brucic am Lovepangs™-Kongress hat dem Prinzip „Gesprächsinstallation" als autonome Praxis sowohl was die Raumkonstruktion (die Tische, das Erzeugen einer intimen Atmosphäre im Öffentlichen) und die Handlungsanweisungen (das Thema, das Zweiergespräch, die Zeiteinheit) betrifft als auch in Bezug auf das Publikum als Mitproduzent im sinnlich erfahrbaren Kommunikationsprozess eine neue Dimension verliehen. Der Lovepangs™-Kongress hat sich, gerade hinsichtlich der Konstruktion eines gemeinsamen Narrationsraums, maßgeblich in die Genealogie der weiteren Arbeit Hurtzigs eingeschrieben. Sie hat in weiterer Folge mit der von ihr begründeten *Mobilen Akademie* einen Beitrag zur Hybridisierung von Wissensvermittlung und Kunstproduktion am Theater geleistet. Der von Hurtzig konzipierte „Schwarzmarkt für nützliches Wissen und Nicht-Wissen" fand bis dato in Hamburg (2005), Berlin (2005, 2006, 2007), Warschau (2005), Wien (2008) und Jaffa (2009) statt. Vgl. http://www.schwarzmarkt-archiv.de/, http://www.mobileacademy-berlin.com/ (18.4.2010)

die Klassiker und eine kleinere, intime, für die Kammerkunst der modernen Dichter (...) Und eigentlich müsste man noch eine dritte Bühne haben, lachen sie nicht, ich meine es in vollem Ernst, und ich sehe sie schon vor mir, eine ganz große Bühne für eine Kunst monumentaler Wirkung, ein Festspielhaus, vom Alltag losgelöst, (...) in der Form des Amphitheaters, ohne Vorhang, ohne Kulissen, vielleicht sogar ohne Dekorationen, und in der Mitte, ganz auf die reine Wirkung der Persönlichkeit, ganz aufs Wort gestellt, der Schauspieler, mitten im Publikum, und das Publikum selbst, Volk geworden, mit hineingezogen, selbst ein Teil (...) des Stückes."[201]

Müller und Brucic hatten die *liebeskranke Gesellschaft* ausgerufen, das Thema in die sozialen Räume „Theater" und „Mediengesellschaft" implementiert und konkrete Handlungsräume und -optionen (Orten der Interaktion) gestaltet. Mit dem Projekt, transgressiv, multimedial und prozessorientiert angelegt, hatten sich die KünstlerInnen viel vorgenommen, schließlich galt es nichts Geringerem als einer *integrativen Revolution* zum Durchbruch zu verhelfen. Einer Revolution des Schmerzes. Und das nicht nur im erweiterten Theaterraum.

Es sollte „keine Schande" sein, „verletzt zu sein", „schwach zu sein", „traurig", „verwirrt", „unproduktiv", „unvernünftig" oder auch „romantisch" zu sein, hieß es. Die Idee war, die Botschaft zu platzieren, heterogene AkteurInnen für das Thema „Liebesschmerz" zu sensibilisieren, und dazu zu motivieren, miteinander zu kooperieren und sich auszutauschen. Weiters galt es, Produkte zu lancieren, Medienformate zu begründen und, um mit Walter Gropius zu sprechen und auf die Bauhaus-Bewegung zu referieren: alles in allem gesellschaftlich ein „dynamisches Momentum" zu generieren. Mit dem Ziel der „Einheit der Vielfalt".[202]

Bei Lovepangs™, das eine Wortschöpfung aus Liebe und dem englischen Wort für Qualen darstellt, handelt es sich um ein „mittelgroßes Universum", ein „Paket", das „Markenzeichen und Inhalt, Produktstrategie, Erlebniswelt, Kunst, Gefühl, Kommerz" in einem sein soll, schrieb die deutsche *Zeit*.[203] Ziel von Lovepangs™ war das Schaffen eines öffentlichen Raums, in dem die für gewöhnlich tabuisierten privaten Liebesqualen ein Forum finden sollten.

Lovepangs™ basierte auf der Annahme, dass alle Menschen das Gefühl der Liebesschmerzen kennen – unabhängig von Alter, Herkunft, Ethnie, gesellschaftlichem Status. Der Verlust der Liebsten bedeutet „die Verstümmelung eines wesentlichen Teils des eigenen Ich", schreibt der Philosoph Pascal Bruckner, und an anderer

201 Reinhardt, Max: „Über ein Theater, wie es mir vorschwebt", in: Fetting, Hugo (Hg.): *Max Reinhardt. Schriften, Briefe, Reden, Aufsätze, Interviews, Auszüge aus Regiebüchern.* Berlin/Ost: Argon. 1974, S.67

202 „Das Bauhaus war und ist eine Bewegung mit dynamischem Momentum. Sein Ziel: Einheit der Vielfalt und die Überwindung des Ich-Kultes.", schrieb Walter Gropius (1960), zit. in: Giedion, Sigfried: „Das Bauhaus und seine Zeit", in: *Baukunst und Wohnform 2* (1962), S.59

203 Wimmer, Martina: „Die Schmerzensbrecherinnen", in: *Die Zeit*, 15.2.2001

Stelle: „Zwar sind nicht alle unsere Liebschaften unglücklich, doch alle sind vom Schreckgespenst ihres Erlöschens bedroht. Es gibt keine Lösung für das Liebesleid (...).“[204]

„Liebesschmerzen zu erleiden bedeutet, nicht mehr zu wissen, wie man weiterlieben und weiterleben soll. Das Gefühl ist oft mit Verlust verbunden, dem Verlust geliebter Menschen oder Tiere, dem Verlust von geografischer oder geistiger Heimat, dem Verlust von Möglichkeiten und Träumen. Lovepangs™ hat die Kommunikation über diese Gefühlslage kultiviert und Anlässe geboten, sich miteinander darüber zu unterhalten und auszutauschen“, schreibt Jeanette Müller, auf ihr Projekt Lovepangs™ Bezug nehmend, in ihrer Dissertation *Vertrauen und Kreativität*.[205]

Für die KünstlerInnen galt es, das Thema Liebesschmerz wieder „gesellschaftsfähig“ zu machen, es auf verschiedensten kommunikativen Kanälen in den Alltag einzuschleusen. Nicht um dem Trend zu folgen, Intimität und Geheimnisse zu veröffentlichen, und das Öffentliche mit noch mehr *Privatheit* zu kolonisieren, wie Zygmunt Bauman es als Phänomen der Zeit benannte[206], sondern als Formulierung eines öffentlichen Anliegens im öffentlichen Raum – im Sinne einer Politik der Liebe.

Jeanette Müller merkt diesbezüglich in einem Interview mit dem *Tagesspiegel* an: „Die Sehnsucht nach Umgangsformen, die nicht den Gesetzen des Marktes unterliegen, ebnet den Weg für eine Großzügigkeit, die allen Menschen entgegengebracht werden müsste. Aber das setzt Mut voraus. Denn man wird ausgelacht dafür.“[207]

VI.1.1 DER KONGRESS TAGT

Der Lovepangs™-Kongress in der Berliner Volksbühne bildete gleichsam das Epizentrum der Inszenierung der Chronik der Gefühle. Die begleitende, diversifizierte, themenspezifische Produktpalette sah unter anderem Lovepangs™-TV-Shows,

[204] Bruckner, Pascal: *Ich leide also bin ich. Die Krankheit der Moderne.* Berlin: Aufbau. 1997 (1995), S. 204, S.206

[205] Müller, Jeanette Hedwig: *Vertrauen und Kreativität. Zur Bedeutung von Vertrauen für diversive AkteurInnen in Innovationsnetzwerken.* Frankfurt/Main: Peter Lang. 2009, S.245

[206] Vgl. Bauman, Zygmunt: *Flüssige Moderne.* Frankfurt/Main: Suhrkamp. 2003 (2000), S.52f.

[207] Vgl. Müller, Jeanette: „Beziehungssberater: Kummer macht klug“, im Interview mit Müller, Kai, in: *Der Tagesspiegel*, 16.2.2001, S.28

Lovepangs™-Interviews, -Konzerte, -Kinoprogramme, -Stadtführer, -Drinks und -Suppen vor.[208]

In der Tradition des postdramatischen Theaters, wie es von Lehmann[209] beschrieben wurde, bildete bei dem Projekt Lovepangs™ nicht eine Textvorlage den Ausgangspunkt, galt es nicht Figuren zu zeichnen und Illusionismus zu erzeugen, sondern durch die selbstreflexiv-performative Inszenierung Kommunikationsangebote zu schaffen und Interaktionsprozesse in den Mittelpunkt der (Aufführungs-)Praxis zu stellen. In Bezug auf die theatrale Erscheinungsform als Happening standen das Thema, das Ereignis sowie das Publikum als AkteurInnen im Mittelpunkt der Umsetzung.

Lovepangs™ machte sich diverse Ausprägungen von *cultural performances* zu Nutze, das Anliegen wurde von der Bühne, über das gesamte Theater bis hin zum Medienraum und zur Konsumwelt platziert. Das Projekt entwickelte einen unwiderstehlichen Sog, das Netzwerk aus KooperationspartnerInnen wuchs rasant, die Geschehnisse fanden parallel statt. Die Ereignisketten überschlugen sich. Die Medien sprangen auf den Liebesschmerz-Zug auf und die Rezeption verknappte sich vielfach und zunehmend auf die zwei Künstlerinnen als attraktive Protagonistinnen und den heterosexuell konnotierten Paartrennungsschmerz.

VI.1.2 PARALLELGESCHEHEN

Für den Nukleus des Theaters, den Bühnenraum der Volksbühne, realisierte Christoph Schlingensief in Zusammenarbeit mit Alexander Kluge einen imaginären Lovepangs™-Opernführer. In einer *Tour-de-Force* adaptierte, collagierte und interpretierte man einschlägig schmerzhafte Bühnenmomente des Musiktheaters.

Die Bühne erinnert in ihrer Gestaltung an „die Resteverwertung unserer kollek-

[208] Die TV-Show „Fast Forward" (VIVA) wurde zur TV-Plattform von Lovepangs™, die damalige Moderatorin Charlotte Roche gleichsam zur Lovepangs™-Botschafterin. Roche interviewte Stars zum Thema Liebesschmerz, unter ihnen: Moby, die Pet Shop Boys, Björk und viele andere. Im Schweizer *Sonntagsblick* etablierten die KünstlerInnen Müller und Brucic einen eigenen Lovepangs™-Schwerpunkt. Wöchentlich erschien ein von ihnen geführtes Interview mit prominenten VertreterInnen aus Politik, Wirtschaft, Kunst und Kultur. Es galt die Themen Verletztheit und Schmerz im Umfeld eines Boulevardblattes ernsthaft und tiefer gehend zu thematisieren.
In Kooperation mit dem Schauspielhaus Zürich veranstalteten Müller und Brucic thematische Konzertreihen und Open-Air-Filmaufführungen. In Zusammenarbeit mit Gastronomen und Köchen in Zürich und Berlin wurden spezielle Lovepangs™-Getränke und Speisen entwickelt. Für den Lovepangs™-Kongress in der Volksbühne gewann man Sarah Wiener, die Suppen gemäß der Typologie der unterschiedlichen emotionalen Phasen entwickelte und zubereitete.

[209] Vgl. Lehmann, Hans-Thies: *Postdramatisches Theater*. Frankfurt/Main: Verlag der Autoren. 1999

tiven Tagträume mit all dem Zivilisationsschrott, dem leuchtenden Alpenpanorama, dem Modell des Fernsehturms der Stadt, dem Filmkran, dem Boxring und den Zierpflanzen".[210]

Schlingensief trägt einen weißen Anzug und doziert, erklärt das Prinzip der Oper, er interviewt Gäste, führt traurige Gestalten vor: übergewichtige Schauspieler, arbeitslose Sänger. Ab und an wird geboxt. Es wird gesungen, über Schmerz gesprochen, mit künstlichem Blut gespritzt. Versatzstücke aus der Medienwelt sind Programm, das Scheitern kalkuliert.

Mehrere Kameras, unter anderem auch eine auf einem Kamerakran montierte, zeichnen das Geschehen, das von falschen Anschlüssen und leeren Momenten durchsetzt ist, auf.[211] Unruhe wird zelebriert, es herrscht Chaos. Schlingensief „stellt auf die Bühne, was an elektronischen Medien zu haben ist" und er performt. Er testet, wie „sich Körper und Räume, Stimmen und Gesten jetzt noch bewähren".[212]

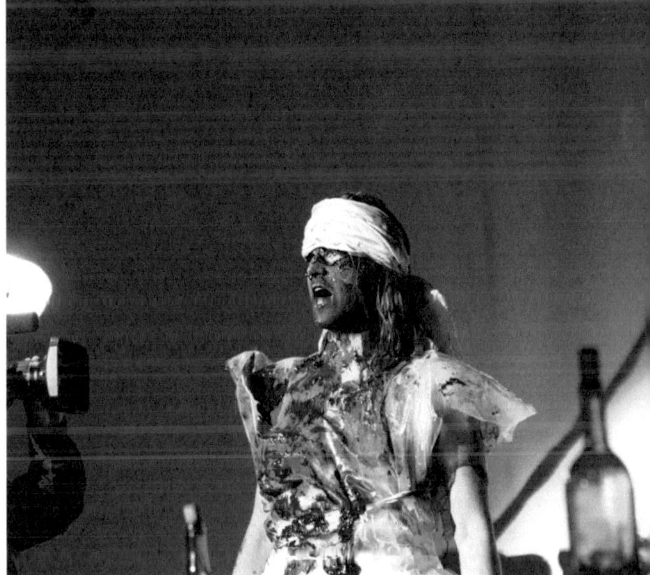

Abb 1.
Lovepangs™-Kongress;
„Schlacht um die Oper",
Christoph Schlingensief
Volksbühne Berlin, 2001
(Foto: Thomas Aurin)

210 Vgl. Diez, Georg, „Kolik der Gefühle", in: *Süddeutsche Zeitung*, 19.2.2001

211 Das Bühnengeschehen wird später unter dem Titel „Schlacht um die Oper" (2001) von Schlingensief für das Fernsehen bearbeitet.

212 Dirk Baecker stellt in Bezug auf das Medientheater fest: „Das Theater wird von einer neuen Unruhe erfasst. Es wird zum Medientheater. Es stellt auf die Bühne, was an elektronischen Medien zu haben ist, und schaut sich an, wie sich Körper und Räume, Stimmen und Gesten jetzt noch bewähren." Vgl. Baecker, Dirk: *Studien zur nächsten Gesellschaft*. Frankfurt/Main: Suhrkamp. 2007, S.81.

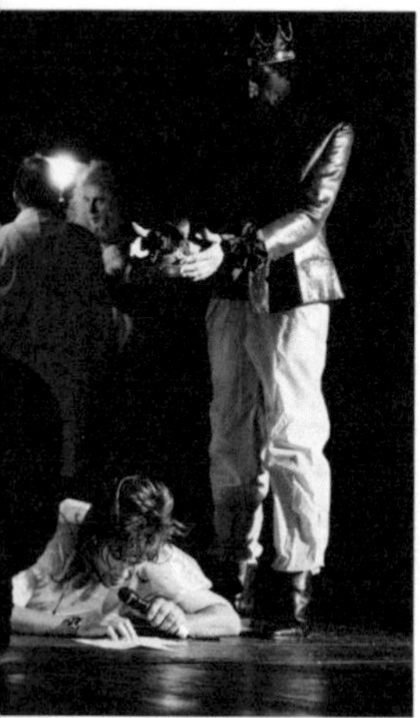

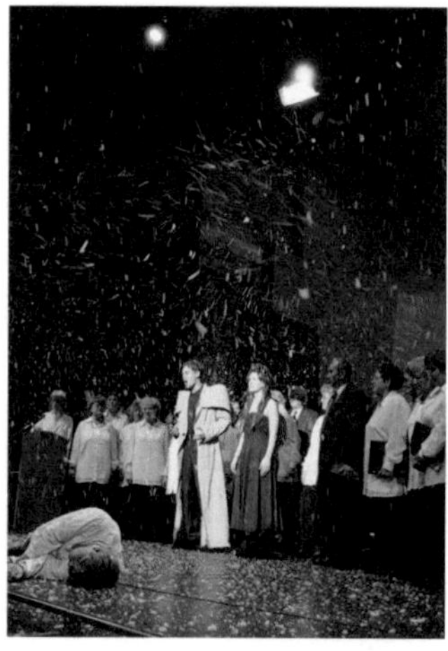

Abb. 2/3
Lovepangs™-Kongress;
„Schlacht um die Oper",
Christoph Schlingensief
Volksbühne Berlin, 2001
(Foto: Thomas Aurin)

Parallel dazu verhandeln in zwei Salons die Lassie Singers, Betty Bombshell, Cobra Killer, DJ Female Macho und Peaches weibliche Emotionen und Louie Austen und Nariman Hodjaty männliche Emotionen.

In den Gängen und im Foyer der Volksbühne inszenieren Müller und Brucic partizipative Kommunikationsgelegenheiten des Parallelgeschehens; installativ und vertrauensorientiert. Im Mittelpunkt: das Herz, der Schmerz. Und das persönliche Gespräch als Mittel des Erkenntnisgewinns, zur Überprüfung des Bildes, das wir uns von uns, den anderen und der Welt gemacht haben.

„Wir leben kurze Kapitel und versuchen, von Abschnitt zu Abschnitt eine Theorie aufzustellen, wie wir und die Dinge, die wir erleben, funktionieren. Diese Theorien sollen uns helfen, unseren Weg zu finden. Meistens brechen die Theorien früher oder später zusammen, denn der Autor unserer Erlebniswelt bleibt nie stehen und schreibt „Ende" darunter", merkt Ernst von Glasersfeld an.[213]

Lovepangs™ ist der Versuch, an genau jener Stelle anzusetzen, an der die Erklärungsmodelle mit einem Mal ihre Wirksamkeit verlieren, und alles, was bleibt, wie Roland Barthes es formuliert hat, das schwere Herz ist: „schwer vom Rückfluß einer Ebbe, die es mit sich selbst erfüllt hat (...)."[214]

[213] Glasersfeld, Ernst von: *Über Grenzen des Begreifens.* Bern: Benteli. 1996, S.25

[214] Barthes, Roland: *Fragmente einer Sprache der Liebe.* Frankfurt/Main: Suhrkamp. 1988 (1977), S.126

VI.1.3 SYMBOLISCHE KLIMATISIERUNG

An den zwei Abenden des Lovepangs™-Kongresses konnten sich die insgesamt über 4.000 BesucherInnen in der Volksbühne am Check-In Schalter anmelden und persönliche Gespräche mit den ExpertInnen buchen.

Termine wurden vergeben für die Begegnung und den Austausch mit ÄrztInnen, PolitikerInnen, GärtnerInnen, KöchInnen, PornodarstellerInnen, FilmemacherInnen, AutorInnen, ChemikerInnen, PsychologInnen, Popstars, Filmstars, PhilosophInnen. Menschen aus unterschiedlichsten Branchen und gesellschaftlichen Feldern, standen für halbstündige Gespräche zur Verfügung.

Ein Farbleitsystem bestehend aus vier Schmerzstufen („Pain", „Rage", „Resent", „Over") identifizierte den Schmerzverlauf, von gelb über rot und blau bis schwarz. Die Liebeskranken konnten gemäß ihrer Verfassung wählen und bekamen einen dementsprechenden Button. Die BeraterInnen boten ihre jeweiligen Themenschwerpunkte gemäß der von ihnen ebenfalls aus den vier Rubriken der psychischen Verfasstheit gewählten Themensetzung und Farbe. Auch sie trugen entsprechende Buttons.[215]

Die Typologie, die vier Begriffe möglicher Phasenverschiebungen, schrieb sich auch in die Raumgestaltung ein. Die verschiedenen Säle der Volksbühne waren über so genannte „Schmerzportale" zu betreten.

Auf den Gängen des Theaters standen Tische, an denen jeweils zwei Menschen Platz fanden. Die Künstlerinnen setzten auf klare Gesprächs-Settings, auf unnötiges Beiwerk wurde verzichtet. Und doch gelang es dergestalt, innerhalb kürzester Zeit symbolische Sphären im Sinne Sloterdijks zu etablieren. BesucherInnen wie ExpertInnen trugen zur „symbolischen Klimatisierung des gemeinsamen Raumes"[216] bei.

Geteilte Stimmungen, verbindende Emotionen und Erfahrungen, gemeinsame Erzählräume: was sich auftat und als tröstend und beglückend bestätigte, war die Gewissheit, dass Sphären von Dauer sind, dass „Verlorenes in Gedächtnissen gegenwärtig zu bleiben vermag, als Mahnmal, als Spukbild, als Mission als Wissen". Und nicht „jede Trennung der Liebenden zu einem Weltende geraten und nicht jeder Sprachwandel zu einem Kulturuntergang" führen muss.[217]

Über 120 ExpertInnen brachten ihre Fachkenntnisse und ihren Namen, ganz im Sinne von Georg Francks *Ökonomie der Aufmerksamkeit* mit ein.

215 „Pain" stand für Schmerz, Trauer und Bodenlosigkeit, „Rage" für Wut (auf sich, jemand anderen, die Welt), „Resent" war als Beginn einer neuen Klarheit, die allerdings noch von Misstrauen geprägt ist, zu verstehen, und „Over" bezeichnete den definitiv überwundenen Schmerz und einen möglichen Neubeginn.

216 Vgl. Sloterdijk, Peter: *Sphären I. Blasen.* Frankfurt/Main: Suhrkamp. 1998, S.47f.

217 Ebd., S.49f.

Unter ihnen waren: der Oberstaatsanwalt a.D. und Autor Dietrich Kuhlbrodt, der Filmemacher Rosa von Praunheim, der Ex-Intendant der Berliner Philharmoniker, Elmar Weingarten, der Schauspieler und Travestiekünstler Ernie Reinhard alias Lilo Wanders, der Alt-68er-Kulturwissenschaftler Bazon Brock, die Moderatorin Charlotte Roche, der Autor Wladimir Kaminer, die Regisseure und Autoren Oskar Roehler und Felix Ensslin, die Kunstkritikerin Isabelle Graw, die Autorin Gesine Danckwart, der Ex-Pornostar Miguel Hosé, Schorsch Kamerun von den Goldenen Zitronen, Smudo von den Fantastischen Vier, der Techno DJ und Begründer der Loveparade Dr. Motte, der Künstler, Elfenforscher und Begründer der Band „Die tödliche Doris" Wolfgang Müller, die damalige Vizepräsidentin des Deutschen Bundestags Antje Vollmer (Bündnis 90/Die Grünen), die Soziologin Gerburg Treusch-Dieter, der Autor und Filmemacher Rainer Langhans.

Zwischen ExpertInnen und BesucherInnen nahm die Theatralsierung der Gemeinschaft Form an. Das Dasein im Austausch erzeugte eine „Sinn-Glocke, unter der die Menschenwesen sich allererst sammeln, verstehen, wehren, steigern, entgrenzen".[218]

Das Theater wurde zum Aktionsraum. Zwei Abende lang oszillierte der Schmerz im Raum. Er erfuhr Aufmerksamkeit, Kategorisierung und im gemeinschaftlichen Erleben Trost – im ein oder anderen Fall womöglich sogar Linderung.

Teilnehmende BeobachterInnen berichten von überraschenden und beglückenden Begegnungen im gemeinsamen Erfahrungsraum, der von Vertrauen, Offenheit und emotionaler Beteiligung geprägt war. Es war „(...) seltsam und so interessant und schön, dass man am liebsten wochenlang so weitergemacht hätte".[219]

Die Volksbühne verwandelte sich in ein Haus der Begegnung. Die AkteurInnen wurden, um Max Reinhardts eingangs erwähnten Gedanken wieder aufzugreifen, zum Volk der Liebeskranken sowie zu einem Teil der Inszenierung.

Die Atmosphäre war geprägt von konzentrierter Aufmerksamkeit, von Euphorie und von Parallelgeschehen. Während auf der Bühne nach einem Eklat zwischen Schlingensief und Kluge Konzepte umgeworfen worden waren und das Opern-Medley zwischen Verdi, Mozart, Puccini und Wagner Improvisation erfuhr[220], wurden Erfahrungen ausgetauscht, spielten Bands, liefen 30 Hostessen durch

[218] Ebd., S.47f.

[219] Kuhlbrodt, Detlef: „Es ist schön, wenn es wehtut", in TAZ 19./20. Februar 2001, zit: http://www.dkuhlbrodt.de/DetlefDietrich.html (6.4.2010)

[220] Der Komponist und nunmehrige Professor für Komposition an der Universität Wien, Reinhard Karger, beschreibt das Geschehen wie folgt: „Da fließt viel Theaterblut, es wird ausgiebig gesungen, geschrieen und gekleckert. Untermalt wird dieses ‚Theater des Schmerzes' von den großen Liebesarien der Opernliteratur: Mozart, Verdi, Puccini ... (...) Alles passiert gleichzeitig, niemand überblickt das Ganze, das Prinzip zur Überwindung der traditionellen Opernästhetik heißt: Chaos." (2001) Karger, Reinhard: „stop telling stories. Zur Entwicklung nicht-narrativer Strukturen im deutschsprachigen Musiktheater – ein Rückblick auf das 20. Jahrhundert", auf: http://www.reinhard-karger.de/texte_3.htm (6.4.2010)

das Haus und sorgten für den reibungslosen Ablauf der Gesprächstermine. Das deklarierte Problemfeld Liebesschmerz erwies sich als sozialer Kitt, als vermittelndes, verbindendes Tool der Vergesellschaftung im Vertrauen. Und „die Vereinheitlichung in einem großen Gemeinsamen (als) das wenngleich vorübergehende Mittel zur Individualisierung und ihrem Bewußtwerden" (Simmel).[221]

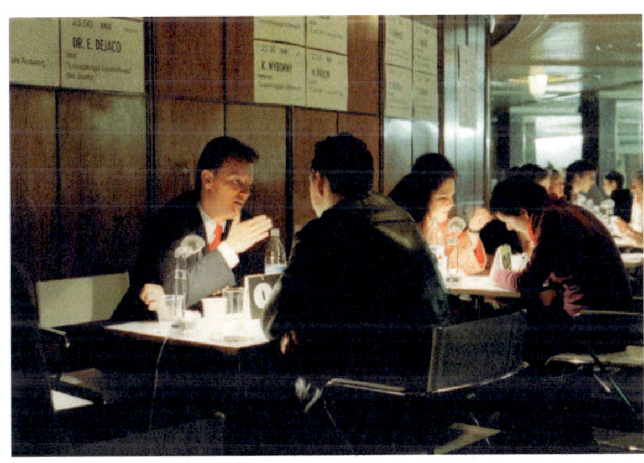

Abb. 4
Lovepangs™-Kongress, ExpertInnengespräche, Volksbühne Berlin, 2001
(Foto: Thomas Aurin)

Die Zusammenkunft innerhalb eines Koordinatensystems (des Rahmens, den das Thema vorgab, der verbindenden Emotion „Liebesschmerz"), konstituierte Spielräume und ermöglichte ungeahnte, gemeinsame Schnittpunkte.

Im dionysischen Miteinander wurde die geteilte Intimität zur essenziellen Form der Vergemeinschaftung, sie schuf gewissermaßen eine „community of feeling" im Sinne Berezins.[222]

Detlef Kuhlbrodt, selber Experte im Rahmen des Projekts, beschreibt seine Erfahrung in der Berliner *TAZ* folgendermaßen: „Zuviel passierte da auf tausend Ebenen, als dass man es aufschreiben könnte. Es war eine ganz großartige Inszenierung mit bewegenden wunderschönen Bildern. Und man hatte da das Gefühl, als wenn

Erwähnung finden soll in diesem Zusammenhang auch das Alexander Kluge-Kompendium, das der Frage nach dem Prinzip Oper nachgeht. „350 Jahre gibt es sie, es gibt 86.000 Opern, davon sind vielleicht 7.000 bekannt und mit Stimmregistern versehen, 70 spielt man, wirkliche Kassenschlager sind nur ganz wenige", stellt Kluge fest. Vgl. Schulte, Christian / Gussmann, Reinald (Hg.): *Alexander Kluge: Facts and Fakes 2/3. Fernseh-Nachschriften. Herzblut trifft Kunstblut. Erster imaginärer Opernführer.* Berlin: Vorwerk 8. 2001, S.87f.

221 Simmel, Georg: „Die Ausdehnung der Gruppe und die Ausbildung der Individualität", in: Simmel, Georg: *Über sociale Differenzierung.* (1890) http://www.digbib.org/Georg_Simmel_1858/Ueber_sociale_Differenzierung?k=III.+Die+Ausdehnung+der+Gruppe+und+die+Ausbildung+der+Individualit%E4t (6.4.2010)

222 Berezin, Mabel: „Secure States: Towards a Political Sociology of Emotion", in: Barbalet, Jack (Hg.): *Emotions and Sociology.* Oxford: Blackwell. 2002, S.33ff.

die Dinge, unter denen man ja nicht nur allein leidet, die in einem selber sich streiten und einander nicht verstehen wollen, als würde das wirre Geschehen im eigenen Kopf – wo auch immer – auf die Bühne verlagert sein. Als wenn dies tolle Chaos auf der Bühne inklusive Abbruch und Katzenjammer am Freitagabend, sehr präzise dem entsprechen würde, was im eigenen Kopf so passiert. Und als wenn das den anderen im Publikum auch so gehen würde."[223]

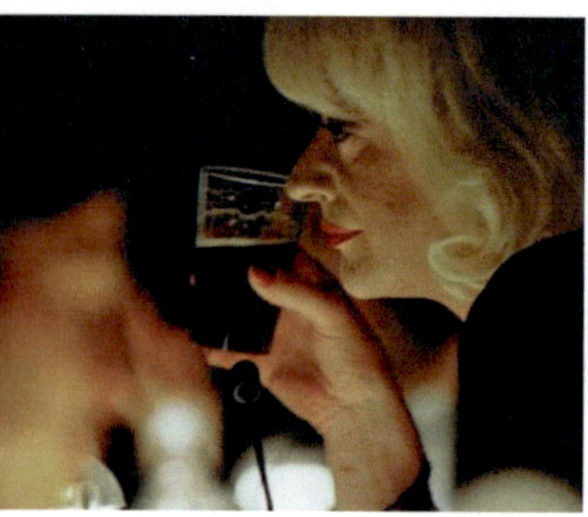

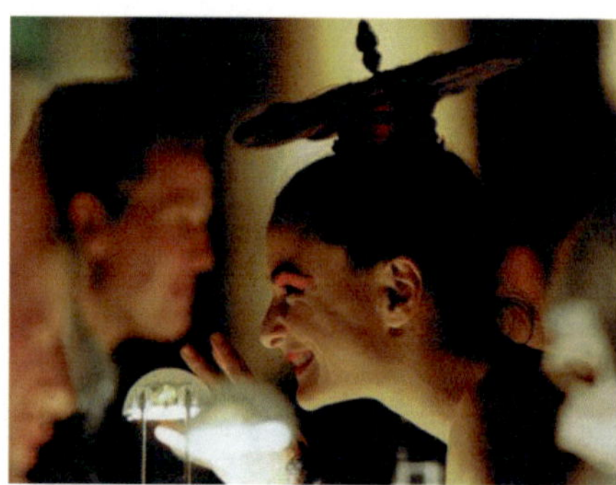

Abb. 5/6
Lovepangs™-Kongress, ExpertInnengespräche,
Volksbühne Berlin, 2001
(Foto: David Baltzer)

Es scheint, als hätten für die ortsspezifische Manifestation von Lovepangs™ die Bauhaus-Feste der 1920er Jahre, im Rahmen derer der Austausch zwischen Meistern, Schülern und der Bevölkerung Programm war, Pate gestanden.

Indem im Rahmen des Projekts Lovepangs™ Raum für heterogene performative Praxis, Partizipation und prozessorientierte Interaktion geschaffen wurde, erzielte man „eine Theatralität, die auf die Wurzeln des Spiels zurückging (...) Diese bedurfte keines abgegrenzten Raumes mehr, im Fest vermengten sich Akteure und Zuschauer, zumeist in einer Person. Das Festliche wurde nicht auf das Theater aufgepropft, sondern das Theater entsprang wieder dem Fest. Insofern war eine Bühne zwischen Aula und Kantine nur richtig."[224]

Die „zweitägige kongressartige Großperformance", die „wie die linksliberale Variante von Big Brother" und „nach dem Prinzip der strukturellen Überforderung funktionierte und in der vollkommenen Verwirrung mit der Suggestion von Ordnung spielte", wie Georg Diez in der *Süddeutschen Zeitung* schrieb[225], baute als

[223] Kuhlbrodt, Detlef: „Es ist schön, wenn es wehtut", in: *TAZ*, Berlin. 19. Februar 2001, S.23

[224] Koneffke, Silke: *Theater Raum. Visionen und Projekte von Theaterleuten und Architekten zum anderen Aufführungsort 1900–1980*. Berlin: Reimer. 1999, S.101

[225] Vgl. Diez, Georg, „Kolik der Gefühle", in: *Süddeutsche Zeitung*, 19.2.2001

integrative Inszenierung auf die Vielfalt der Parallelhandlungen, Überschneidungen und prozessualen Ereignisse.

Durch das Abstecken eines Rahmens und das Adressieren und Einbeziehen aller TeilnehmerInnen als AkteurInnen, wurde ein Handlungsraum etabliert und ein Aktionsspektrum ermöglicht. Der Theaterraum wurde somit zum Symposion im ursprünglichen Sinne. Wie bei den Griechen der Antike stand bei Lovepangs™ die ritualisierte Geselligkeit im Mittelpunkt, eine Versammlung mit improvisierter Rede zu einem konkreten Thema, begleitet von künstlerischen Darbietungen und Musik.

Und damit sich die AkteurInnen im Treiben des Happenings nicht vollends im Weltenraum der Emotion und Geselligkeit verloren und weiterhin ihre Termine mit den ExpertInnen wahrnehmen konnten, sorgte die markante Stimme der Dana Scully aus *Akte X* beziehungsweise ihre deutsche Synchronsprecherin, die Schauspielerin Franziska Pigulla, mit ihrem dunklen Timbre für sinnlich-informative Momente.

VI.1.4 BEWEGUNG IN RICHTUNG ZUKUNFT

Lovepangs™ lässt sich genealogisch in der Geschichte des Happenings, der Performance und der Installation verorten. Als multimediales Ereignis, das im Raumgefüge stattfindet und im Rahmen dessen der von Ploebst als „Performance-Parcours"[226] bezeichnete, organisierte Platzwechsel, den das Publikum als AkteurInnen vollzieht, stattfindet, weist die integrative Inszenierung Lovepangs™ den BesucherInnen eine aktiv gestaltende Rolle zu. Der Wechsel der Wahrnehmungs- und Handlungsorte, das Wandern von Aufführungsort zu Aufführungsort lässt die Grenzen des inszenierten Ereignisses und des Spontanen fließend verlaufen.[227]

Die Kunst trifft unvermittelt auf das Leben. Und das Leben wird zu Kunst. Transgressiv und ephemer bringt Lovepangs™ Bewegung ins Theater. Die klassische Guckkastenbühne wird durch architektonische Interventionen (der Boxring, mitten im Parkett), die Mediatisierung sowie durch das direkte Adressieren und Einbeziehen der ZuschauerInnen und durch deren stete Fluktuation aufgehoben. Das Bühnengeschehen ufert aus. Die Szenen, Bilder, Töne erfahren Beschleunigung. Das Diktum von Paul Cézanne paraphrasierend muss man sich beeilen, wenn man

226 Ploebst, Helmut: „History II: Allan Kaprows *18 Happenings in 6 Parts* Redone", 2006, http://www.corpusweb.net/index.php?option=com_content&task=view&id=309&Itemid=68 (24.3.2010) Vgl. auch das ausführliche Zitat im Rahmen der Auseinandersetzung mit dem Happening (Kapitel IV.5).

227 Vgl. Ebd. (24.3.2010)

noch etwas hören und sehen will. Wenn man noch etwas verstehen will. Kinesik und Proxemik produzieren Zeichen des Strauchelns. Das gealterte Prekariat gibt den Gefangenenchor aus „Nabucco". Und der Schmerz oszilliert in der Improvisation zwischen Oper und Leben.

Währenddessen finden zeitgleich Konzerte in verschiedenen Sälen statt. Es wird gesungen, es wird gespielt. Die AkteurInnen diskutieren im angeregten Zweiergesprächen. Sie essen, trinken, erkunden das Haus.

Lovepangs™ zeichnet sich durch das situative, wahrnehmungs- und handlungsorientierte Moment, die Bespielung von Parallelplattformen sowie durch die Mise-en-Scène von dialogischen und partizipativen Prozessen als integrative Inszenierung aus. Durch präzise inszenatorische Rahmenvorgaben und konkrete Handlungsanweisungen wird ein Dispositiv zur Partizipation etabliert, das Interaktion und Improvisation ermöglicht und dazu beiträgt, offene Prozesse zu gestalten.

Lovepangs™ überwindet herkömmliche Genregrenzen, thematisiert den Erfahrungsraum, die Wahrnehmung und Handlungsoptionen. Festgemacht am Thema *Liebesschmerz* entfaltet sich ein breites Spektrum potenzieller künstlerischer Darstellungsformen und kultureller Manifestationen. Von der Operncollage über die Inszenierung des quasi-gesprächstherapeutischen Settings: wesentlich ist, dass die AkteurInnen dazu ermutigt werden, sich mit allen Sinnen am gemeinsam konstruierten und subjektiv erlebten Erzählraum zu beteiligen. Der Handlungsraum bleibt dabei ein bis zuletzt offener. Die Handlungen folgen dem Konzept. Das Thema organisiert alle Elemente der Handlung und Bewegung im Raum. Der Raum ist in Veränderung begriffen. Und mit ihm die AkteurInnen. Das Aneignen von Räumen, das Schaffen eines *Raumgefühls* im Miteinander: das ist es, was Lovepangs™ als integrative Inszenierung auszeichnet. – Es ist die Atmosphäre des Raumes und der Dinge, der Begegnungen und flüchtigen Momente, die in Erinnerung bleiben. Bis auf Schlingensiefs Aufzeichnung des Opernprojekts und ein paar Fotografien ist alles ephemer. Nichts bleibt zurück.

Das Theater war als Illusionsraum der Gemeinschaft der Liebeskranken ein temporäres Zuhause. Und im Sinne Gadamers feierte man ein Happening, weil es *da* war. Das Sein der AkteurInnen war durch ihr Dabeisein bestimmt. Wobei das Dabeisein mehr war als „bloße Mitanwesenheit mit etwas anderem, das zugleich da ist", vielmehr hieß Dabeisein: Teilhabe.[228]

[228] Vgl. Gadamer, Hans Georg: *Wahrheit und Methode. Grundzüge einer philosophischen Hermeneutik.* Tübingen: Mohr. 1990 (1960), S.129

Gadamer verweist diesbezüglich auf die Metaphysik des Griechischen *theoria*. *Theoria* „ist wirkliche Teilnahme, kein Tun sondern ein Erleiden (pathos), nämlich das hingerissene Eingenommensein vom Anblick".[229]

Der Anblick und das Erfahren der Repräsentationen von Liebesschmerzen trug im Rahmen von Lovepangs™ gleichsam zu einer Hinwendung zur Sache bei, zu einer Art selbstvergessener Präsenz der Beteiligten. Und das, was sich den AkteurInnen „als Spiel der Kunst darstellt", erschöpft sich „nicht in der bloßen Hingerissenheit des Augenblicks, sondern schließt einen Anspruch auf Dauer und die Dauer eines Anspruchs mit ein" (Gadamer).[230]

Der Lovepangs™-Kongress als angewandte integrative Inszenierung im Kontext der Volksbühne schuf optimale Vorraussetzungen dafür, Handlungsintentionen zu begünstigen, die innersubjektive wie auch objektbezogene Reflexion zu unterstützen, den sozialen Aspekt (den interpersonellen Austausch) sowie das Ausdruckshandeln zu fördern. Dergestalt arbeitete Lovepangs™ an einer Beobachtung der Gesellschaft und suchte nach Spielräumen und Spuren, „die den Punkt der *Reflexion*" markieren, „von dem aus Risiko und Chance der heraufziehenden Gesellschaft zu beurteilen sind".[231]

[229] Ebd., S.129f.
[230] Ebd., S.131
[231] Vgl. Baecker, Dirk: *Studien zur nächsten Gesellschaft*. Frankfurt/Main: Suhrkamp. 2007, S.82

VI.2 „MUSEUM INSIDE OUT" – ARBEIT AM GEDÄCHTNIS

VI.2.1 BESTANDSAUFNAHME

Angesichts der Tatsache, dass das Museum seine Rolle als öffentliches Archiv, als Ort der Geschichte eingebüßt hat und die auktoriale Erzählposition, die Ausstellungen anno dazumal inhärent war, der Vergangenheit angehört, galt es für das Museum für Volkskunde in Wien die Museumsarbeit sowie die eigene institutionelle Verortung zu reflektieren und sich mit der Arbeit am Gedächtnis, der *kulturellen Phänomenologie und Dynamik* (Assmann) auseinanderzusetzen.[232]

Mit dem Projekt „museum inside out" hat sich das Museum für Volkskunde einem Konzept des Kurators und Vizedirektors des Hauses, Matthias Beitl, in Kooperation mit Nora Sternfeld und Charlotte Martinz-Turek (trafo.K)[233] folgend zur Diskussion gestellt.[234] Das Innere wurde sozusagen nach Außen gestülpt, Inhalte, interne Prozesse und der Auftritt in der Öffentlichkeit wurden befragt, es

[232] Vgl. Assmann, Jan: *Das kulturelle Gedächtnis. Schrift, Erinnerung und politische Identität in frühen Hochkulturen.* München: Beck. 1999, S.24.
Assmann hat sich damit auseinandergesetzt, „wie sich Gesellschaften erinnern, und wie sich Gesellschaften imaginieren, indem sie sich erinnern". Vgl. Assmann, Jan: *Das kulturelle Gedächtnis. Schrift, Erinnerung und politische Identität in frühen Hochkulturen.* München: Beck. 1999, S.18
Außerdem sei an dieser Stelle auf Boris Groys verwiesen, der feststellt, „dass die Geschichte, die durch die museale Exposition erzählt wird, keine gesellschaftlich geltende, staatlich beglaubigte und allgemein verpflichtende Geschichte mehr ist. Vielmehr wird die museale Sammlung als Rohmaterial gesehen, das ein individueller Kurator benutzt, um in der Kombination mit einem von ihm entwickelten Ausstellungsprogramm seine individuelle Haltung, seine individuelle Strategie im Umgang mit Kunst zum Ausdruck zu bringen."
Vgl. Groys, Boris: *Topologie der Kunst.* München: Hanser. 2003, S.25

[233] Büro trafo.K arbeitet an Forschungs- und Vermittlungsprojekten an der Schnittstelle von Bildung und Wissensproduktion. Schwerpunkte sind zeitgenössische Kunst, Wissenschaftsvermittlung und Zeitgeschichte. Vgl. http://www.trafo-k.at/ (30.3.2010)

[234] Die Ausstellung wurde am 14. Juni 2007 mit vorerst unbestimmter Laufdauer eröffnet. Mit 31. Jänner 2008 wurde das Projekt auf Betreiben der Direktorin Margot Schindler aus verschiedenen Überlegungen abgebrochen. Die Rückkehr zum „Business as usual", zur konventionellen Museumspraxis, wurde von den MitarbeiterInnen mit Bedauern zur Kenntnis genommen. Die Projektdynamik hatte nachweisbar Kommunikations- und Handlungsfelder geöffnet, doch letztlich wurde der Handlungsrahmen wieder traditionell definiert. Der Reorganisationsversuch wurde von der Direktion offensichtlich mangels Verständnis für offene Prozesse und Innovation für gescheitert erklärt und zwischenzeitlich gewonnenen Erkenntnissen und Erfahrungen keine weitere Aufmerksamkeit geschenkt. Die Orientierung an der Themenausstellung, am „Publikumsgeschmack" und der Erwartungshaltung potenzieller BesucherInnen dominierte gegenüber der synästhetisch, intellektuellen Herangehensweise und den vielfach immateriellen Manifestationen des Projekts.

galt im Sinne André Malraux' ein temporäres „Museum ohne Wände“[235] zu etablieren, die Ganzheit zu denken und mögliche Zukunftsperspektiven und -szenarien zu entwickeln.

Für gewöhnlich passieren 80 Prozent der musealen Arbeit (Produktion und Betreuung von Ausstellungsprojekten, Verwaltungsarbeit, wissenschaftliche Arbeit etc.) unter Ausschluss der Öffentlichkeit. Der Ansatzpunkt für das Konzept „museum inside out“ war folgender: die Arbeit, die üblicherweise Backstage stattfindet, wurde kurzerhand in die Ausstellungsräume transferiert. KuratorInnen, RestauratorInnen, BibliothekarInnen, ArchivarInnen und das Vermittlungsteam verließen ihre angestammten Arbeitsplätze, die Büros, Werkstätten und Bibliothek, und übersiedelten in die den BesucherInnen zugänglichen, repräsentativen Teile des Museums.

Die Ausstellungsräume wurden dergestalt gleichsam zur Bühne für den Arbeitsalltag der MuseumsarbeiterInnen. Die tägliche Routine wurde unterbrochen, das Areal des Elfenbeinturms der Kulturproduktion verlassen, neue Stellung wurde bezogen. Umgeben von wechselnden Exponaten aus dem Depot stellte sich das Team des Museums den BesucherInnen, trat mit ihnen in Interaktion.

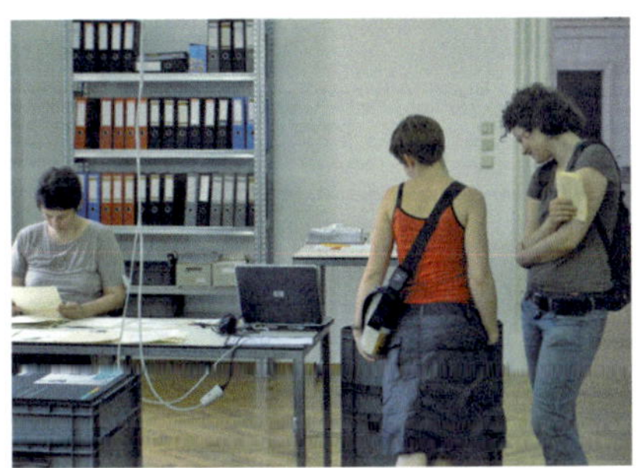

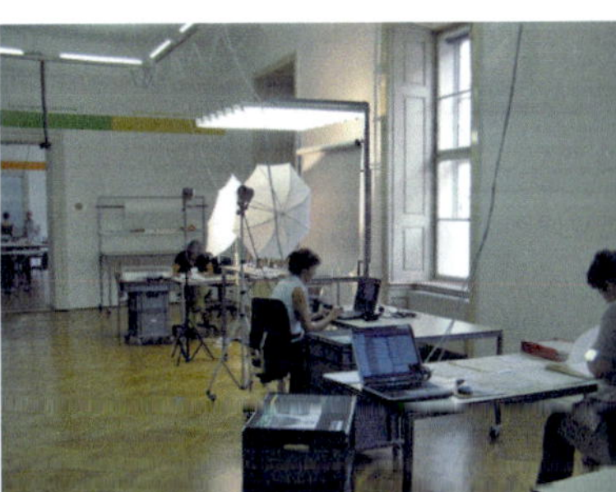

Abb. 7/8
Ausstellungsansicht, „museum inside out“, Museum fürVolkskunde, 2008
(Foto: ÖMV)

Die Ausstellungsräumlichkeiten verwandelten sich in multifunktionale Arbeitsplätze. Was die Öffentlichkeit zu Gesicht bekam, waren ein temporäres Großraumbüro, ein Depot, eine Registraturstelle, ein Inventarisierungsterminal, ein Fotolabor, das Atelier der RestauratorInnen, eine Bibliothek und ein Vermittlungs- und Studierplatz. Im Foyer lud eine Lounge zum Verweilen ein, bot Raum zur Beobachtung, zu Reflexion und Kontemplation.

235 André Malraux plädiert in seinem Buch *Das imaginäre Museum* für ein „Museum ohne Wände“, für ein Museum ohne Grenzen, eine Kunst ohne Grenzen. Vgl. Malraux, André: *Das imaginäre Museum.* Baden Baden: Klein, 1949

Ein eigens installiertes Lichtschienensystem mit integrierten, auf einer Drahtführung abgehängten Neon-Lampen, sorgte für gleichmäßige Beleuchtung, und brachte MitarbeiterInnen wie auch Schreibtische (die, mit Rollen versehen, mobil einsetzbar waren), Computer, Drucker, Büromobiliar, Reprotische, Hängesysteme, Objekte, Wandtexte, Kisten, Papierstapel und Verpackungsmaterial zur Geltung.

Vom Lichtschienensystem aus verliefen auch die Stränge der Netzwerkkabel zu den Arbeitsstationen: als verschiebbare, ortsungebundene Informationsnabelschnüren.

Tausende Objekte wurden aus den Speichern geholt und waren nun im Kontext wechselnder Arbeitsprozesse in- und außerhalb von Vitrinen zu sehen. Ein Auszug aus der Masse des Musealisierten, in ständiger Bewegung.[236]

Historische Krippen standen auf einem Arbeitstisch. Daneben ein zerschlissenes Care-Paket[237] aus den Nachkriegsjahren mit Originalinhalt, die Dosen vom Rost zerfressen. Ein Salzfass aus der Bretagne, eine Holzflöte aus der römischen Campagne, eine Osterratsche aus dem Baskenland, Plastiken, Bildwerke, Devotionalien aus dem Alpenvorland, Volkskunst, Trachten, Keramiken, Intarsien, Ikonen, Fasnachtsmasken: Was sich auftat war ein Sammelsurium europäischer Alltagskultur, in steter Fluktuation. Eine heterogene Dingwelt, allesamt Dokumente der Kulturgeschichte, entfaltete sich vor den Augen der BetrachterInnen, trat in einen offenen Dialog.

Die einzelnen Objekte legten bisweilen Lesarten nahe, bisweilen verschlossen sie sich oftmals enigmatisch (allzu) direkten Interpretationen. Sie ließen das Herstellen von größeren Zusammenhängen zu oder verweigerten sich jeglicher Einbettung in einen Bezugsrahmen.

Die Ordnung der Dinge hieß: Ausstellungskonzept. Die Arbeit am kollektiven Gedächtnis *(mémoire collective)* im Sinne von Maurice Halbwachs stand auf dem Programm.[238] Die Idee war, kommunikative und kulturelle Vergangenheitsschichten für das Jetzt zu deuten und Erkenntnisgewinne für die Institution Museum und dessen Arbeit festzumachen.

[236] Die Schausammlung und der Wechsel der Objekte im Ausstellungskontext wurden im Kunstkontext vom Museum für Moderne Kunst in Frankfurt im Rahmen der Schiene „Szenenwechsel“ (1992–2002) zum Programm erklärt. Im Halbjahres Rhythmus wurde der Bestand ausgetauscht, umgeordnet, um neue Werke oder Objekte aus dem Depot ergänzt. Die Praxis der Reorganisation der Kunstwerke und der veränderten Raumsituation fand insgesamt 20 Mal statt.

[237] Der Inhalt des ursprünglichen CARE-Paketes umfasste verschiedene Fleischkonserven, Getreideflocken und Kekse, Süßigkeiten und Zucker, Marmelade- und Puddingkonserven, Gemüsekonserven, Kaffee, Kakao, Fruchtsaftpulver, Trockenmilch in Dosen, Butterkonserven, Käse, Salz. – Das Care-Programm in Österreich begann 1946 und endete 1955. Vgl. http://www.demokratiezentrum.org/wissen/wissenslexikon/care-paket.html (26.3.2010)

[238] „Es gibt kein mögliches Gedächtnis außerhalb derjenigen Bezugsrahmen, deren sich die in der Gesellschaft lebenden Menschen bedienen, um ihre Erinnerung zu fixieren und wiederzufinden“, stellt Halbwachs fest. Vgl. Halbwachs, Maurice: *Das Gedächtnis und seine sozialen Bedingungen.* Frankfurt/Main: Fischer. 1985 (1925), S.121

VI.2.2 BEWEGUNG INS INNERE

Der Verlust der „normierenden, kanonisierenden und archivierenden Funktion verwandelt den musealen Raum in eine Installation".[239] Die Installation entfaltet sich im Raum. Sie zeigt „gerade die Materialität der Zivilisation, in der wir leben, denn sie *installiert* alles das, was in unserer Zivilisation sonst bloß *zirkuliert*", wie Boris Groys feststellt.

„Museum inside out" als Installation stellt Strategien der Selektion und der Kontextualisierung zur Diskussion, thematisiert Ordnungsprinzipien und betreibt Selbstbefragung mit dem Ziel der Standortbestimmung und hinsichtlich der Entwicklung von Zukunftsperspektiven der kulturwissenschaftlichen Museumsarbeit. „Museum inside out" verwendete nicht nur das Tool der Vermittlung(sarbeit), es *war* Vermittlung. Die Intention war, einen Schritt zu leisten in Sachen Reorganisation und Neupositionierung der Institution „Museum". Im Mittelpunkt stand die Museumsarbeit als Teamarbeit.

Im konkreten Fall hat das Museum eine Verwandlung erfahren. Es ist zur Installation geworden, zu einem öffentlichen Gelände zur Durchführung der Arbeit am Gedächtnis. Die museale Architektur tritt in der Hintergrund, die Aufmerksamkeit wird auf die Geste des Sammelns und Handhabens von Kulturgut sowie auf die museale Sammlung selbst gelenkt.[240]

Die integrative Inszenierung manifestiert sich als Inszenierung des Museumsalltags, als temporäres Ausstülpen von für gewöhnlich hinter geschlossenen Türen praktizierter Kulturarbeit in den traditionell der Präsentation und Repräsentation von bereits tradierten oder zur Tradierung vorgesehenen Kulturgütern vorbehaltenen, musealen Raum.

Der Ausstellungsraum wird neu besetzt, das Display als Dispositiv thematisiert. Der prozessuale Museumsalltag wird zur Schnittstelle. Das Wecken von Interesse und das potenzielle Andocken an die BesucherInnen und ihre Bedürfnisse und Fragen ermöglicht einen gemeinsamen Erfahrungs- und Handlungsraum, in dem das Vergangene im Heute verortet wird, und kulturelle (normative, narrative) Aspekte des kollektiven Gedächtnisses verhandelt werden können.

239 Groys, Boris: *Topologie der Kunst.* München: Hanser. 2003, S.26f.

240 Boris Groys merkt zum Sammeln an: „Heute erleben wir im Museum ein mystisches Erschauern vor der absoluten Willkür und Unverständlichkeit der Entscheidung, all das zu sammeln und zu bewahren. Vor dem Fehlen jeglicher rationalen Begründungen für das Erinnern oder Betrachten all dessen." In: Kabakov, Ilya / Groys, Boris: *Die Kunst des Fliehens*. München: Hanser. 1991, S.109 Zur Geschichte des Sammelns und zur Entstehung des Museums vgl. außerdem: Pomian, Krzysztof: *Der Ursprung des Museums. Vom Sammeln.* Berlin: Wagenbach. 1993 (1987) Zum Phänomen Sammeln sei auch auf ein bibliophiles Sammelsurium von Philipp Blom verwiesen. Vgl.: Blom, Philipp: *Sammelwunder, Sammelwahn. Szenen aus der Geschichte einer Leidenschaft.* Frankfurt/Main: Eichborn. 2004

„Die Vergangenheit ist nicht tot, sie ist nicht einmal vergangen", stellt Alexander Kluge fest.[241]

Die Zeit hat sich in die Dinge eingeschrieben. Im temporären Verhandlungsraum erfahren sie ihre Reaktualisierung. Aus dem kulturellen Tiefenspeicher der Sammlung geholt, lassen sie ihren ursprünglichen Kontext und ihren einstigen Verwendungszweck hinter sich. Die Dinge nehmen nun einen Platz als Verweis auf etwas („die gute alte Zeit, die schreckliche historische Vergangenheit"), auf Handlungsräume und Alltagsbewegungen ein. Gleichsam als Anachronismus, als tatsächliche Handlung *in der Zeit,* jenseits des Konstrukts der Medienrealität, nimmt die Inszenierung von ikonischen Signifikanten im Raum Form an. Was Sache ist, ist die direkte memetische Repräsentation und Vermittlung im Ausstellungsraum, der zum Erinnerungs-, Erfahrungs- und Aktionsraum wird.

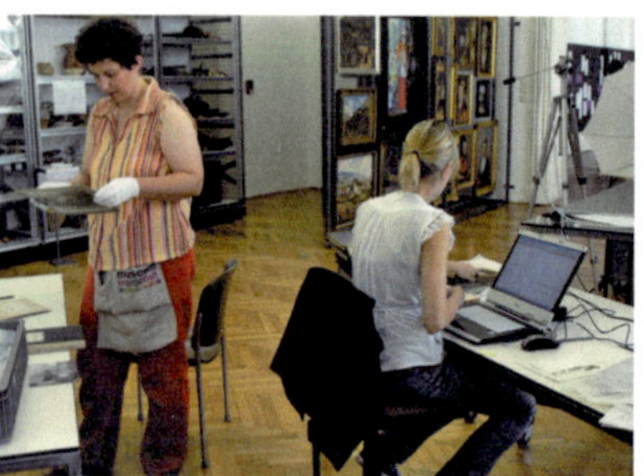

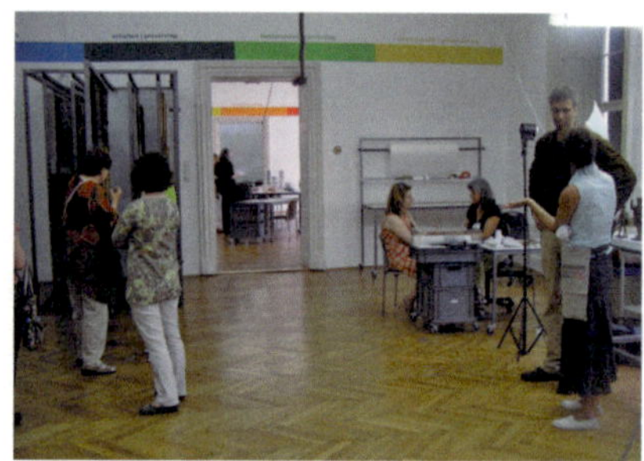

Abb. 9/10
„museum inside out", Museum für Volkskunde, 2008
(Foto: ÖMV)

Die Objekte werden sichtbar, olfaktorisch und potenziell (auch wenn dies nicht unbedingt im Interesse der RestauratorInnen und KonservatorInnen ist) haptisch erfahrbar. Die Dinge treten aus dem Verborgenen ins Licht.

Im Ausstellungsraum sind verschiedene Geruchskomponenten auszumachen. Es riecht nach Staub, Holz, Eddingstiften, Papier und nach dem Rasierwasser des Kurators.

Das Projekt „museum inside out" zielt als integrative Inszenierung auf die temporäre Überwindung von Grenzen (Büroräumlichkeit versus Ausstellungsräumlichkeit; MitarbeiterInnen versus BesucherInnen) ab, öffnet Handlungs- und Reflexionsräume und begünstigt partizipatorische Prozesse.

Im entstehenden Zwischenraum zwischen *inside* und *outside* wird im Museum Differenz fassbar. Der Raum öffnet sich. Bedeutung kann sich entfalten, Kulturraum

241 Kluge, Alexander: *Der Angriff der Gegenwart auf die übrige Zeit.* Frankfurt/Main: Syndikat Autoren. 1985, S.107

wird begehbar. Die eigene Kultur und andere Kulturen werden verhandelbar. Kritische Blicke auf die Konstruktion von Identität, Macht und Diskurs werden begünstigt.

Es sind Fragen wie die folgenden, die sich im Rahmen von „museum inside out" in Bezug auf die Sammlung stellen: Wer sammelt was? Zu welchem Zweck? Was erzählen die Sammlungsstücke über den Sammelnden, was über seine Kultur bzw. die Kultur, aus der sie stammen? Was schreibt sich in die Dinge ein? Was erzählen die Lücken in der Sammlung, die nicht gezeigten oder womöglich überhaupt nicht existierenden Objekte?

Und es sind Fragen wie die folgenden, die sich im Rahmen des Projekts in Bezug auf das Museum und die Öffentlichkeit stellen: Wie holen wir Publikum ins Haus? Wie gestalten wir den Zutritt „niederschwellig" und schaffen es trotzdem, ein möglichst heterogenes Publikum anzusprechen? Und: Wer ist überhaupt unser Adressat? Wen wollen und können wir ansprechen und in welcher Form, mit welchen Methoden erreichen wir das? Welche diskursiven Ordnungen kommen unseren Vorstellung von Museum entgegen und ermöglichen es? Welche Sehgewohnheiten setzen wir voraus? Was erwartet das Publikum?

„Museum inside out" beschreibt quasi eine Gegenbewegung zu der von Vilém Flusser konstatierten „Verschiebung des Interesses vom Ding weg in Richtung Information".[242]

Den Dingen und ihrem Immersionspotenzial gilt die Aufmerksamkeit. Angesichts einer „Springflut von Dingen, die uns umspült"[243] besteht der Versuch darin, den Dingen Platz einzuräumen, sie als Phänomene *begreiflich* zu machen, ihnen wieder einen Wert zu geben. Erfahrungs- und Lernprozessen zur Veranschaulichung von Systemzusammenhängen gilt das Interesse, Ziel ist ein Reorganisationsversuch – ein Schritt in die Zukunft des Museums, jenseits der Rolle als enzyklopädischer Akkumulationsapparat.

Es geht um ein Zurück zur Sache, um eine Neuzeichnung der Umrisse. Durch ein Kreuzen der Grenzen vom *unmarked* space in den *marked space*[244] und eine damit einhergehende Rahmenverschiebung erhalten Exponate genauso wie Alltagsgegenstände und -handlungen Einzug in den Ausstellungsraum.

242 Flusser, Vilém: *Medienkultur*. Frankfurt/Main: Fischer. 1997 (1993), S.186

243 Ebd., S.186

244 Die Raumorganisation im Museum verändert sich, einem Gedanken von Niklas Luhmann zum Kunstwerk folgend. Luhmann greift Spencer Browns Begrifflichkeit auf und stellt fest, dass ein Kunstwerk, „sich im Unterschied zu allem anderen als Kunstwerk behauptet", indem es zunächst alles andere ausschließt und die Welt einteilt „in sich selbst und den übrig bleibenden unmarked space". Und an anderer Stelle setzt er – quasi als phänomenologische Interpretation des Begriffs von Spencer Brown – fort: „Der Beginn einer Arbeit an einem Kunstwerk besteht in einem Schritt, der vom unmarked space in einen marked space führt und damit die Grenze schafft, indem er sie kreuzt. Vgl. Luhmann, Niklas: *Die Kunst der Gesellschaft*. Frankfurt/Main: Suhrkamp. 1997 (1995), S.61, S.189

„Museum inside out" ist gleichsam eine Reise ins Zentrum und an die Peripherie der Ethnologie als kulturwissenschaftliche Praxis und gleichzeitig eine Bewegung in das Innere des Museums, in den Innenraum der Institution, hin zum Nukleus der Gesten des Sammelns, Konservierens und Ausstellens.[245]

Der Ausstellungsraum wird zum Gedächtnisraum, zum Labor, zum *hybriden Aktions- und Lebensraum* im Sinn Meurers, in dem die Arbeit des Erinnerns, Befragens und Neu-Deutens vor dem Hintergrund der Thematisierung des Status quo des Museums, seiner institutionellen, kulturellen, politischen und ökonomischen Dispositive im Mittelpunkt steht.

Die Dinge treten aus „ihrem Zeit-Versteck heraus und beginnen als hochgradig symbolische Dinge eine ganz neue Karriere: ihre Ding-Gestalt hat zwar gelitten, doch gerade diese Gebrauchsspuren sind es, die dem Ding zu seiner Epiphanie verhelfen. Die Gebrauchs-Spuren verweisen auf die Geschichte des Dings. (...) Das Ding wird als Zeichen-Ding interessant, nicht mehr in erster Linie als Gebrauchs-Ding".[246]

Den Gegenständen selbst wird eine neue Karriere eingeräumt: eine im diskursiven Feld der Selbstreflexion der Institution *Museum*.[247]

Die Objekte sind nur mehr Indiz. Das Museum „nimmt nicht mehr einen Gegenstand als Faktum zum Kristallisationspunkt seiner Ordnung, sondern eine Idee. Dabei entsteht eine Art virtuelles Museum der Denkformen, das seine Grenzen gar nicht mehr im Raum des gebauten Gebäudes hat".[248]

[245] Vgl. Götz Großklaus, der feststellt, dass „die Grund-Opposition von ‚innen' und ‚außen' der Differenzierung des Innenraums selber" dient. „Das Außen des Innen bezeichnet noch einmal relative Distanzverhältnisse innerhalb eines der Raumsysteme. *Abstände und Grenzen* sind jederzeit sozial- und kultur-hierarchisch interpretierbar: besonders eindeutig für die Positionen *Zentrum und Peripherie*. Die Mitte erscheint Herrschaftsbesetzt, die Macht präsentiert sich geschichtlich zentral, nicht peripher. Die Ränder bezeichnen den weitesten Abstand zur Herrschaft und zur kulturellen Norm (...)." Großklaus, Götz: *Medien-Zeit. Medien-Raum. Zum Wandel der raumzeitlichen Wahrnehmung in der Moderne.* Frankfurt/Main: Suhrkamp. 1995, S.105

[246] Großklaus, Götz: *Medien-Zeit. Medien-Raum. Zum Wandel der raumzeitlichen Wahrnehmung in der Moderne.* Frankfurt/Main: Suhrkamp. 1995, S.156

Götz Großklaus klassifiziert fünf Phasen einer möglichen Geschichte des Dings in der Moderne. Es sind dies: Produktion (1) – Zirkulation als Ware (2) – Gebrauchs- und Verfallszeit (3) – Latenz-Zeit (4) und mögliche Epiphanie (5). (Vgl. Großklaus, S.156)

[247] In diesem Zusammenhang sei auf Wolfgang Ernst verwiesen, der einen Gedanken von Nam June Paik aufgreift: Das Wichtigste sei nicht, neue Dinge zu entdecken, sondern neue Beziehungen zwischen existierenden Dingen herzustellen. (Nam June Paik, Art & Satellite, Berlin 1984) Vgl. Ernst, Wolfgang: *Das Rumoren der Archive. Ordnung aus Unordnung.* Berlin: Merve. 2002, S.48

[248] Schmidt-Wulffen, Stephan: „Museum", in: Deutschland Radio Berlin (Hg.): *Kulturverschwörung. Kulturinstitutionen auf dem Prüfstand für die Zukunft.* Frankfurt/Main: Suhrkamp. 2002, S.187

VI.2.3 ERFAHRUNGSHORIZONTE

Im Rahmen von „museum inside out“ fand das Arbeiten am Öffnen von Erfahrungshorizonten statt, transgressiv, deduktiv. Die integrative Inszenierung, umgesetzt mit großem Engagement aller Beteiligten[249] und bescheidenen (finanziellen) Mitteln, war der Versuch, brachliegende Einsichten zu gewinnen und innovativen Potenzialen auf die Sprünge zu helfen. Basierend auf einer einleitenden Textinterpretationsphase zu den Themenkomplexen *Vermittlung, Ausstellen, Sammeln* wurde ein ausgeklügeltes Konzept entwickelt, in dessen Mittelpunkt die Museumsarbeit als Teamarbeit, das Befragen von Museum und Inhalt einerseits und Museum und Öffentlichkeit andererseits stand.

Ermöglicht wurde die produktive erfahrungs- und diskursorientierte Bewegung dieser integrativen Inszenierung im performativen Raum durch das Setzen auf Interaktion und das prozessuale Moment statt auf ein singuläres *Exhibition Design* mit konventionell präsentierten Exponaten.

Das partizipatorische, perspektivische Agieren aller AkteurInnen bewirkte eine Rückbesinnung auf eigentliche Kernkompetenzen eines kleinen ethnographischen Museums, das im Schatten großer Institutionen um sein Überleben und seine Daseinsberechtigung kämpft[250]: den Mut zum Experiment und zur Irritation (gerade auch der eigenen), die Neugier, in der eigenen Praxis auf Unerwartetes, vielleicht sogar Verunsicherndes zu stoßen, und das Interesse für neue Ansätze und Ideen (der Vermittlung und Präsentation).

Dass es sich bei dem Museum für Volkskunde um ein marginalisiertes Haus handelt, das die eigene Existenzberechtigung in Zeiten wie diesen beglaubigen muss, steht fest. Die Größe und Positionierung in der Museumslandschaft bringt mit Sicherheit Nachteile, doch sie birgt auch Vorteile. Allen voran Flexibilität und die Möglichkeit auf unkonventionelle Handlungsoptionen zu setzen. Dies vor allem vor dem Hintergrund der relativen Unabhängigkeit von Quoten. Die über-

[249] Der Kurator Matthias Beitl betont diesbezüglich ausdrücklich, dass die Umsetzung des Projekts ohne die von außen kommenden (Vermittlungs-)Expertinnen Nora Sternfeld und Charlotte Martinz-Turek (trafo.K) und ihre Arbeit und Impulse nicht denkbar gewesen wäre. (Im Gespräch mit dem Verfasser, 30.3.2010)

[250] Matthias Beitl stellt zur Lage des Museums für Volkskunde fest: „Die finanziellen und personellen Ressourcen sind im Laufe der vergangenen acht Jahre empfindlich geschmolzen. Die jährlichen Dotationen lassen kaum mehr Spielraum für größere Ausstellungen, geschweige denn für entsprechende und unbedingt notwendige Maßnahmen im Bereich der Öffentlichkeitsarbeit und Instandhaltung. Diese negative Entwicklung der strukturellen Arbeitsgrundlagen des Museums geht einher mit der generellen Marginalisierung kulturhistorischer Museen innerhalb der breit angelegten Museumsdebatte und ihrer Rezeption. Im Vordergrund stehen stets Kunstmuseen mit ihrer Problematik der Überschneidungen als Folge einer Programmierung, die dem Prinzip der Besuchermaximierung folgt.“ Vgl.: Beitl; Matthias: „museum_inside_out. Ein museologischer Laborversuch“, in: *Österreichische Zeitschrift für Volkskunde,* Band LXII/111, Wien 2008, S.146

schaubaren Besucherzahlen begünstigten gleichsam die Durchführung des Projekts „museum inside out", ja, sie ermöglichten sie im Grunde überhaupt erst.

In einer Institution wie dem zum Kunsthistorischen Museum gehörenden Museum für Völkerkunde am Wiener Heldenplatz[251] würde eine solche Aktion – angenommen, sie wäre, neben reinen Themenausstellungen, als Projekt überhaupt in Erwägung gezogen worden –, wohl schon angesichts des Besucherandrangs aufgrund logistischer Fragen gescheitert. Man stelle sich die TouristInnen in den Ausstellungsräumlichkeiten vor, wie sie durch Büros und Archive wandern, vorbei an diversen Arbeitsplätzen und unzähligen Objekten: ratlos. Das Konzept wäre schwerlich zu vermitteln, die Interaktion bliebe auf der Strecke. – Die Idee und die Umsetzung von „museum inside out" setzen das Überschaubare eines gewissen „privaten Rahmens" voraus. Das „Nicht-Perfekte", die Notwendigkeit zu Improvisation und Flexibilität eines charmanten und chronisch unterfinanzierten Ambientes sind im konkreten Fall kein Hindernis, sondern entpuppen sich nachgerade als Vorteil in Bezug auf das In-Frage-Stellen des Museumsalltags und seiner Konventionen.

Das Museum hat die traditionelle Rolle verloren und doch, oder gerade deshalb, wäre es für das Museum ein verhängnisvoller Fehler, nur das zu zeigen, was den „Leuten gefällt", stellt Boris Groys fest.[252]

Im Rahmen von „museum inside out" als integrativer Inszenierung galt es, die Rolle des Museums als Ort des kritischen Diskurses zu betonen, das Museum als Ort der Reflexion und der Analyse zu begreifen.

„Ob im Museum, in der Bibliothek oder im Archiv: die Vergangenheit ist immer im Entzug, verliert sich in endlosen Fluchten", schreibt Wolfgang Ernst. Der Speicher fungiere nicht als Fundament der Historie, vielmehr sei er ihr Abgrund, stellt er fest.[253] Gleichsam als Echokammer würde er nichts als Echo des methodisch Suchenden hervorrufen. Weniger prosaisch und um einiges erkenntnisorientierter sieht Boris Groys die Arbeit am Gedächtnis, im Speicher der Dinge. Groys schreibt: „Das Museum ist unter den Bedingungen der heutigen Kultur praktisch der einzige Ort, an dem wir uns von unserer eigenen Gegenwart distanzieren können, indem wir sie mit anderen Zeiten vergleichen."[254]

Die Arbeit an der Sammlung, an der Akkumulation von Dingen, ermöglicht den Vergleich zwischen dem, was heute ist, und dem, was einmal war. Die Arbeit am Gedächtnis zeigt möglicherweise Perspektiven für die Zukunft (nicht nur des

[251] In diesem Zusammenhang sei auf die letztlich gescheiterten Überlegungen („Museum Neu") zu einer Fusion des Museums für Völkerkunde und des Museums für Volkskunde verwiesen. Ziel war ein selbstständiges Kulturmuseum, herausgelöst aus dem Verwaltungskomplex des Kunsthistorischen Museums.

[252] Vgl. Groys, Boris: *Topologie der Kunst*. München: Hanser. 2003, S.185

[253] Ernst, Wolfgang: *Das Rumoren der Archive. Ordnung aus Unordnung*. Berlin: Merve. 2002, S.52

[254] Groys, Boris: *Topologie der Kunst*. München: Hanser. 2003, S.186

Museums) auf. In diesem Sinn ist „museum inside out" als Schritt zu verstehen, als Beitrag zum Neu-Verhandeln der veränderten Rolle des Museums als klassischer Wissens- und Kulturspeicher, und der Geschichtsschreibung, die es betreibt.[255]

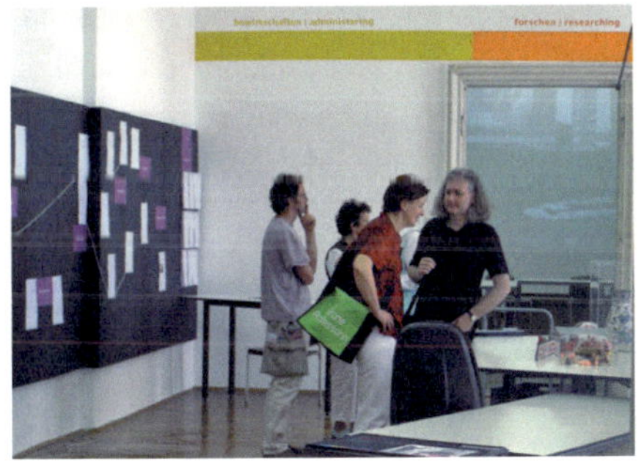

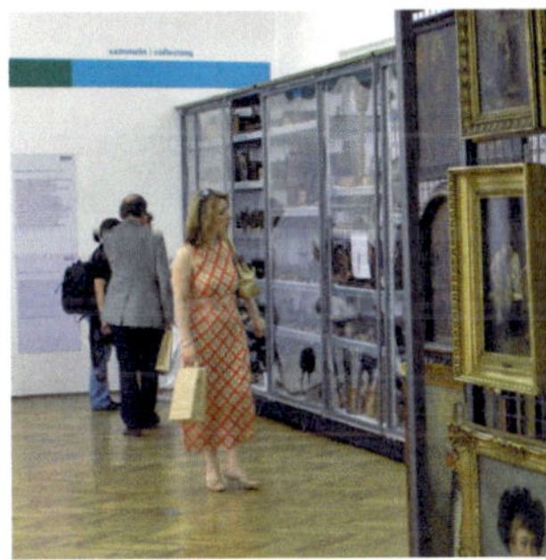

Abb. 11/12
„museum inside out", Museum fürVolkskunde, 2008
(Foto: ÖMV)

Das Projekt erinnert an die Arbeit des Museums als Erfahrung, die die BesucherInnen wie die GestalterInnen einer Ausstellung gleichermaßen betrifft. Es war als Einladung an das Publikum zu verstehen, innezuhalten, zu AkteurInnen zu werden und das Setting, die Inhalte, das Vermittlungsangebot mit allen Sinnen wahrzunehmen und die Inszenierung als Denkangebot zu begreifen. Das Aufbrechen der konventionellen, musealen Vermittlungssituation durch eine gezielte Inszenierungsstrategie definiert den Ort als Ort der Begegnung und der Erinnerung. Was dadurch entsteht, ist ein Ort im anthropologischen Sinn. Keine Instant-Aktualisierung der Museumsinhalte steht auf dem Plan, sondern ein prozesshaftes, partizipatives (Er-)Leben und (Er-)Arbeiten in laborähnlicher Situation.

Keine redundanten Displays, keine szenografischen Überangebote: die Ausstellungsräume sind definiert durch die Reduktion auf das Wesentliche. Die Raumauffassung ist geprägt von der Inszenierung des Ausnahmezustands als Erfahrung.

255 Lieselotte Kugler, Direktorin des Museums für Kommunikation in Berlin, merkt diesbezüglich an, dass „der erhöhte Reliktanfall der Objekte, die wir jetzt in der postindustriellen Gesellschaft, zumindest in den kulturhistorischen und den technisch-historischen Museen sehen, eine erneuerte und veränderte Begründung der Sammlung innerhalb der Vermittlungstätigkeit des Museums" erfordert. Die Fragen, die sich für sie daher stellen lauten: „Wie gehen wir damit um? Wie sollen Sammlungskonzepte der Zukunft aussehen?" Vgl. Kugler, Lieselotte: „Museum", in: Deutschland Radio Berlin (Hg.): *Kulturverschwörung. Kulturinstitutionen auf dem Prüfstand für die Zukunft.* Frankfurt/Main: Suhrkamp. 2002, S.187

Mit einfachsten Mitteln dehnt das Museum für Volkskunde, kommunal und regional verortet, seinen Aktionsradius in Richtung überregionaler Referenzfelder aus. „Museum inside out" versteht sich als Angebot an die kritische Öffentlichkeit, es nimmt alle AkteurInnen als reflektierende und sinnlich erfahrende Wesen ernst, thematisiert das Museum als Ort, den die Moderne hervorgebracht hat, und setzt sich mit dessen Bedeutung für Gegenwart und Zukunft auseinander.

„Es bedarf gerade solch eines Orts, um auch das Fremde und das Vergessene in der eigenen Kultur wieder zu entdecken und der Erinnerung zugänglich zu machen"[256], stellt Hans Belting fest.

Was mit einem Mal wieder im Zentrum steht, ist der physische Raum, das sind die physischen Dinge und das Museum als Erfahrungsort, als Aktionsraum. „Es sind nicht die Bestände, sondern die Aktivitäten der Museen, welche über die Zukunft der Museen entscheiden"[257], fügt Belting an. Die gelebte Realität des Raumes, die Angebote für MacherInnen wie BesucherInnen bereitstellt, ermöglicht dialogische Prozesse und subjektive Erfahrung und Erkenntnis. Handlungsanweisungen und die Einbindung der BesucherInnen erzeugen im Rahmen der integrativen Inszenierung erkenntnisorientierte Dynamik im Spannungsfeld des Übergangs von der Wissens- zur Informationsgesellschaft. Verlust von Wissen wird thematisiert und ausgeglichen, analytisches Potenzial wird genutzt: das Museum präsentiert sich als Plattform für Kultur, als Ort der Begegnung, der Diskussion und Reflexion. Es positioniert sich nicht unbedingt als Gegenpol zum touristisch orientierten, eventkulturell geführten Populär-Museum oder tritt mit massenmedialer Wissensvermittlung in Konkurrenz (das könnte es nicht, und will es auch gar nicht leisten), es versteht sich eher als progressive gesellschaftliche Notwendigkeit, als kulturwissenschaftliche Produktionsstätte und Innovationsort.

VI.2.4 VON DER IDEE ZUR RAUMORGANISATION

„Museum inside out" setzt auf eine Raumdramaturgie der Reduktion, die klare Linien und Formen favorisiert und sich dem Vermittlungsinhalt unterordnet. Das Prinzip heißt diskursive Ordnung und dynamische Wissensvermittlung. Der physische Raum wird zum Erfahrungsraum, er lädt zur Benützung und Bewegung

256 Belting, Hans: „Orte der Reflexion oder Orte der Sensation?", in: Noever, Peter (Hg.): *Das Diskursive Museum*. Ostfildern-Ruit: Hatje Cantz. 2001, S.87

257 Ebd., S.93

ein. Ganz im Sinne des Museums, in dem heute viele Geschichten für ein heterogenes Publikum erzählt werden, bietet der Nachbau des Museums in seinen Funktionen Raum für unterschiedliche ProtagonistInnen und BesucherInnen, die verschiedenen Tätigkeiten und Interessen und den Wechsel ihrer jeweiligen Rollen. Und alle werden zu AkteurInnen. In dem Rollenspiel treten die MitarbeiterInnen des Museums gleichzeitig bzw. alternierend als GestalterInnen, AkteurInnen, Ausstellungsgegenstand, teilnehmende BeobachterInnen[258], RezipientInnen und MediatorInnen auf. Bei Abwesenheit einer/s der MitarbeiterInnen nimmt eine rollende Box mit Bild und Selbstbeschreibung deren Vertreterposition ein. In der Box befinden sich persönliches Hab und Gut, Arbeitsmaterialien und Dinge des Alltags.

An einer Hörstation können die BesucherInnen in das vom Sänger Florian Boesch gelesene Inventarverzeichnis des Museums hineinhören.[259] Die sachlichen, fachspezifischen Beschreibungen samt nachträglicher Korrekturen der gesammelten Dingwelt unter dem Titel „Karriere der Dinge" entpuppt sich als quasi-literarische, skurril-amüsante Textinterpretation, im Sinn konkreter Poesie in Tradition der Wiener Gruppe. Eine weitere Hörstation informiert über allgemeine Fragen zum Alltag im inszenierten/gelebten Arbeitsumfeld. Beim dritten Hörmodul „Gedanken zum Handlungsfeld" handelt es sich um eine Collage verschiedener Texte zu Theorie und Praxis des Museums.

Eine „Diskurswand" bietet Raum für BesucherInnen-Postings, für Feedback, Anmerkungen etc. Begleitende Idee ist, in regelmäßigen MitarbeiterInnen-Besprechungen die Mitteilungen, konkrete Informationen, Fragen und Wünsche aufzugreifen und in den Museumsalltag einfließen zu lassen.

Die Ausstellungsdisplays sind offen gestaltet. Bewusst wird auf perspektivische Konstruktionen verzichtet, gezielt auf den Wahrnehmungsraum erster Ordnung gesetzt. Bild-Werdung und Interpretationsrahmen werden weitgehend vermieden.

Der Ausstellungsraum präsentiert sich als lichtdurchfluteter Ort der Begegnung und Interaktion.

Die Exponate in den Vitrinen können mit Kommentaren versehen werden, Magnete ermöglichen ein gezieltes Eingreifen von Seiten der BesucherInnen.

Die freistehenden Objekte sind nicht gelabelt, in einem Hängeordner sind Materialien gesammelt, die den jeweiligen Gegenstand kontextualisieren, in einem breiteren Referenzfeld verorten. Ausgestattet mit dünnen, weißen

258 Als solche haben sie im Rahmen des Projekts die Gelegenheit, das Feld genau zu studieren: ihr Alltag wird zur empirischen Praxis.

259 Titel: „Inventarisierungsalltag", Dauer: 4:30 Minuten. Zu hören sind Auszüge aus dem Eingangsbuch des Museums und ein Beispiel einer Karteikarte. Die Informationen im Eingangsbuch beschränken sich auf die Nennung von Inventarnummer, Zugangsdatum, Gegenstand, Material, Maße, Vorbesitzer, Art des Erwerbs, Preis, Bemerkungen und Unterschrift des Übernehmers. Oftmals fehlen Teile dieser Informationen.

Baumwollhandschuhen, die dem Art Handling dienen, können BesucherInnen im Rahmen von Workshops die Exponate darüber hinaus auch haptisch erfahren.

Die Atmosphäre begünstigt die Bewegung durch den Raum, das offene Denken, den Austausch, das Fragen, das Erkennen. Als Werkstätte und Labor biete sie Erklärungsmodelle an, und nicht Lösungen und Denkschablonen, wie der Kurator Matthias Beitl feststellt.

Ein eingangs präsentiertes Organigramm mit den Namen und Fotos aller MitarbeiterInnen etabliert ein farblich codiertes Wegeleitsystem, das die BesucherInnen direkt adressiert, ihnen das Navigieren durch die Ausstellungsbühne (die verschiedenen Arbeitsbereiche und Abteilungen) sowie das persönliche In-Kontakt-Treten vereinfacht.

Entlang der Bewegungslinien passiere Forschung, von Ort zu Ort. Wichtig sei „der Zeitpunkt des Aufeinandertreffens von subjektiven Forschungsinteressen und einem Ding mit symbolischem Kapital zum Zeitpunkt der gerade stattfindenden Beobachtung", merkt Beitl an. Dergestalt sei eine forschende Person im „flow" der Ereignisse; flexibel, spontan und aufnahmebereit. Beitl verweist diesbezüglich auf-Gerhard Kubik und seinen Begriff des „floating" für sein Konzept der unvoreingenommenen Feldforschung.[260]

Bewegung durch ein komplexes Aktionsfeld, zwischen „realer" Arbeit und „inszeniertem" Museumsalltag öffnet die Möglichkeit für neue diskursive Dynamiken. Vermittlungsformen werden ausprobiert, und Partizipation gilt als Programm. Die Vertiefung von Wissen erfolgt durch strategisch positionierte installative Raumtexte, mobile Textinterventionen, vertiefendes Textmaterial[261], eine integrierte Bibliothek sowie das persönliche Gespräch mit dem Personal. Die Räume sind vom Handeln bestimmt. Wohin man auch schaut: Menschen bei der Arbeit. Und das Museum

[260] Vgl.: Beitl; Matthias: „museum_inside_out. Ein museologischer Laborversuch", in: *Österreichische Zeitschrift für Volkskunde*, Band LXII/111, Wien 2008, S.148
Vgl. außerdem: Kubik, Gerhard: „‚Floating' – eine ethnopsychoanalytische Feldforschungstechnik", in: Timm, Elisabeth / Katschnig-Fasch, Elisabeth (Hg.): *Kulturanalyse – Psychoanalyse – Sozialforschung. Positionen, Verbindungen und Perspektiven* (Buchreihe der Österreichischen Zeitschrift für Volkskunde, Bd. 21). Wien 2007, S.254f.

[261] „Texte haben unter didaktischem Zwang die Aufgabe, die Magie des Objekts zu bekämpfen. Sie tun dies durch Simulation. Texte simulieren, dass es eine Identität von Objekt und Sprache gibt", stellt Siegfried Mattl fest. Vgl. Mattl, Siegfried: „Texte sehen. Bilder lesen", in: Fliedl, Gottfried / Muttenthaler, Roswitha / Posch, Herbert (Hg.): *Wie zu sehen ist. Essays zur Theorie des Ausstellens.* Wien: Turia + Kant. 1995, S.18
Die KonzeptionistInnen von „museum inside out" haben sich mit Autorität und Autorschaft in Ausstellungen befasst. Sie sind sich dessen bewusst, dass Texte das Ergebnis menschlicher Konventionen sind. Sie vermeiden das Ding zum Repräsentanten einer bestimmten Kategorie werden zu lassen. Sie gestalten die Texte sorgfältig, nicht deskriptiv und lassen in ihren Raumtexten und Textgebungen sinnliche Sinnzusammenhänge entstehen, öffnen übergeordnete Interpretationsrahmen, stellen unerwartete Verweise her. Sie machen die Vermittlung zum gleichberechtigten (Kunst-)Werk.
Vgl. auch: Jaschke, Beatrice, Martinz-Turek, Charlotte, Sternfeld, Nora (schnittpunkt) (Hg.): *Wer spricht? Autorität und Autorschaft in Ausstellungen.* Wien: Turia + Kant. 2005

produziert eine Vielheit von Geschichten. Das dem Projekt inhärente innovative Potenzial ist offensichtlich: die Etablierung eines integrativen Ortes des Experiments und der Interaktion. So kann selbstreflexive, angewandte kulturwissenschaftliche Arbeit aussehen.

Die integrative Inszenierung „museum inside out" betont die „schneckenhausförmige Struktur", das Museum als „lebendiges System".[262] Wissenschaft sei eine Suboperation, innerhalb des Systems *Museum* – eine Operation, die „im Zuge der Aufklärung ihren untergeordneten Auftrag" verloren hat, stellt der Kunsthistoriker Michael Fehr diesbezüglich fest.[263]

„Museum inside out" lebt das Museum an der Schnittstelle von Theorie und Praxis, als kulturanthropologisches und kulturwissenschaftliches Zentrum, als Ort der Erfahrung und der Erkenntnis. Abseits der gängigen Storylines von Ausstellungen wird ein Initial für einen langfristigen kreativen Prozess gesetzt und ein Anker in Richtung progressive, innovative Museologie ausgeworfen, im Rahmen derer den BesucherInnen eine wesentliche Rolle als MitgestalterInnen zukommt. Das Museum wird im Sinne Sigfried Giedions zur Institution einer „Bewusstwerdung von Zeit".[264] Mit dem Unterschied, dass die soziologisch-systematischen Koordinatensysteme des Themenkomplexes Musealisierung durch die integrative Inszenierung Ausdehnung erfährt, die musealen Arrangements geöffnet werden und das potenziell Neue als Fremdes willkommen geheißen wird. Das Inszenieren des (Re-)Aktualisierens und Exponierens von Dingen und das kollektive Befragen und Erinnern ermöglichen eine Redimensionierung „von Relikten der Vergangenheit aus der Sicht und der Interessenskonstellation einer jeweiligen Gegenwart".[265] Was betont wird, ist der Status des Museums, seine vitale Bedeutung für das Heute – jenseits der Reduktion auf die Funktion als reiner Vergangenheitsspeicher. Die BesucherInnen werden direkt adressiert und mit allen Sinnen – angesprochen und involviert, sie werden „in der Rezeption der Dingarrangements zu SinnproduzentInnen"[266], zu AkteurInnen der Raumproduktion. Der Raum wird zum Bedeutungsraum. Und im Bedeutungsraum wird „erinnernde, erfahrende oder vorwegnehmende, somit denkende Annäherung an das materielle Sein oder die Produktion von Präsenz" möglich.[267]

262 Vgl. Fehr, Michael. „Historische Erfahrung als ästhetische Reflexion", in: Hemken, Kai-Uwe (Hg.): *Gedächtnisbilder. Vergessen und Erinnern in der Gegenwartskunst.* Leipzig: Reclam. 1996, S.300

263 Ebd., S.300

264 Giedion, Sigfried: *Raum, Zeit, Architektur. Die Entstehung einer neuen Tradition.* Ravensburg: Maier. 1965, S.175ff.

265 Korff, Gottfried: *Museumsdinge deponieren – exponieren.* Köln/Weimar/Wien: Böhlau. 2002, S.170 Korff schreibt, dass „schon die Logik des Museums als Ort der Sammlung und Aufbewahrung von Dingen die Inszenierung, das heißt die Explikation durch Exposition" erfordere. (Zit. S.171)

266 Ebd., S.173

267 Vgl. Klein, Alexander: „Das Wohnen bei den Dingen. Inszenierung als gestellte Wirklichkeit in Kultur- und Naturhistorischen Ausstellungen", in: *Kunstforum International,* Bd. 186, 2007, S.178

VI.3 „RAUM FÜR SEXKULTUR" (CHRISTOPH BÜCHEL)

VI.3.1 PARALLELGESCHEHEN DES KONZEPTUELLEN

Größer könnte der Gegensatz der Herangehensweisen nicht sein. Während man in der Wiener Secession im März 2010 im Hauptraum eine hermetische, konzeptuelle Arbeit von Six/Petritsch[268] („Atlas") zeigt, die sich dem Zusammenhang von Subjekt und Welterfahrung in existenzieller Weise nähert, inszeniert der Schweizer Künstler Christoph Büchel im Untergeschoß einen opulent gestalteten, detailgenauen Swingerclub – ganz im Bewusstsein der *Gesellschaft des Spektakels.*

Six/Petrisch thematisieren in der 1897 errichteten, zur Gänze geleerten Halle Relationen von Körper und Raum. Sie setzen auf Reduktion und platzieren lediglich eine aus zwei Teilen bestehende Konzeptarbeit im hinteren Teil des großen, lichtdurchfluteten Ausstellungsraums, der als Rahmen selbst zur Skulptur wird.

Der Negativabdruck eines Betonblocks („Klumpen"), der gegossene Abdruck einer Öffnung in der Wand, in der Nicole Six 24 Stunden verbracht hat, liegt neben zwei Paletten mit 20.000 gestapelten Postern („Stapel").

Die Plakate zeigen eine Rennstrecke am Greenwich-Meridian. Sie verweisen auf ein Projekt, in dem das Künstlerduo die Vermessung der Welt auf Mopeds unternommen hat. Eine Orientierungsteststrecke entlang der Datumsgrenze wird zur Kartografie der individuellen Weltaneignung.

Die BesucherInnen werden mit gegebenen Tatsachen konfrontiert. Es handelt sich um Konzeptkunst, die sich ausschließlich via Metatext erschließt. Subjektive Erfahrung auf Seiten der RezipientInnen bleibt weitgehend ausgespart. Der Interpretationsrahmen ist konzeptiv abgesteckt, die potenziellen Erzählräume werden hermetisch verwaltet.

Doch nicht erst seit Simon Baier wissen wir, dass sich die Frage, wie eine Installation aussieht, ihre Klassifikation nach offensichtlichen kategorischen oder formalen Charakteristika, als insignifikant, wenn nicht sogar irreführend erweist. Der Versuch, die subjektive Erfahrung zu beschreiben oder die Erfahrung zum einzigen Merkmal zu machen, scheitert angesichts der Installation, verfehlt sie doch ihre Produktion. Was zurückbleibt angesichts des Verschwindens von Material, Technik und Genre, ist das phänomenologische Subjekt.[269]

[268] Nicole Six (geboren 1971 in Vöcklabruck) und Paul Petritsch (geboren 1968 in Friesach) leben und arbeiten in Wien.

[269] Vgl. Baier, Simon: „Installation als Form". In: Jongen, Marc (Hg.): *Philosophie des Raumes. Standortbestimmungen ästhetischer und politischer Theorie.* München: Wilhelm Fink. 2008, S.131

Baier schreibt: „Als eine Produktion der Sichtbarkeit und deren Reflektion kann die Verbreitung der Installation als künstlerische Form nicht nur parallel zu einer Krise der Institution der Kunst situiert werden, sondern findet auch zu einem Zeitpunkt statt, an dem der kulturelle Diskurs insgesamt zunehmend Formen von Displays – vom Paradigma der *Weltausstellung* bis zum Begriff des Spektakels – ins Zentrum der Aufmerksamkeit rückt.“[270]

In der Ecke der Secession sitzt eine Museumsaufsicht, von einem langen Tag im Kunsttempel sichtlich gezeichnet. Das Warenhaus Kunst ist weitgehend geleert. Die Intervention zwingt zur Kontemplation und bewirkt allumfassende Müdigkeit. *Die Kunst als Idee* hinterlässt Objekte im „Zustand absoluter Zerrissenheit“.

VI.3.2 DER KUNST IHRE KUNST

Der 1966 geborene Schweizer Künstler Christoph Büchel, der das erweiterte Souterrain bespielt, hat die Losung der Secession abgeändert. Unter der goldenen, im Volksmund „Krauthappel“ genannten Kuppel der Secession prangt ein neues programmatisches Leitmotiv. Statt des klassischen Wortlauts: „Der Zeit ihre Kunst. Der Kunst ihre Freiheit“, lesen wir nun: „Der Kunst ihre Kunst. Der Freiheit ihre Zeit.“ – Die Kunst erhält die Kunst, die sie verdient. Und die Zeit der Freiheit ist mit sofortiger Wirkung ausgerufen.

Wollte man Büchels Zugang genealogisch festmachen, so böte sich beispielsweise der Situationist Constant an, der im 1959 vorschlug, die Börse von Amsterdam niederzureißen, um an ihrer Stelle einen Spielplatz zu errichten. Auch Armans „Raum der Fülle“ (1960) – entstanden als Replik auf Yves Kleins „Le Vide“ (1958) –, mit dem er die „überbordende Akkumulation alltäglicher Gebrauchsgegenstände“ thematisierte, indem er die Relikte „des materiellen Alltags einer konsumorientierten Gesellschaft in klaustrophobischer Dichte“[271] zusammenstellte, wäre eine mögliche Referenz in Bezug auf die Büchel'schen Inszenierungen.

Weiters lässt sich Büchels Werk in Tradition des von der Situationistischen Internationale für das Amsterdamer Stedelijk-Museum geplanten, ebenso komplexen wie kontroversiellen Projekts „Die Welt als Labyrinth“ verstehen. Auch im Rahmen dieses Vorhabens stand eine situative, multisensorische und handlungsorientierte Rauminstallation samt impliziter Institutionskritik auf dem Programm.[272]

270 Ebd., S.137

271 Vgl. Möntmann, Nina: *Kunst als sozialer Raum*. Köln: Walther König. 2002, S.19

272 Der Plan sah vor, zwei Räume des Museums in ein Labyrinth zu verwandeln. Er stammte vorwiegend

Büchel spielt ein doppeltes Spiel und agiert dabei als gewiefter Provokateur, der, auch ohne ein einziges Interview zu geben, gekonnt auf der medialen Klaviatur spielt. Der Basler Künstler, der zuletzt im Rahmen der großen Ausstellung „Deutsche Grammatik" im Fridericianum in Kassel eine Topologie deutscher Verhältnisse entworfen und ein Sonnenstudio, einen Billigsupermarkt, ein Automatencasino, einen Spiel- und Erlebnisraum sowie einen Veranstaltungsort für eine Messe der politischen Parteien Deutschlands („politica") und einen Stasi-Archivflügel installiert hat, inszeniert in der Wiener Sezession einen Swingerclub, samt Dancefloor, Liebeskojen, Darkroom, Striptease Show und Bondage-Verließ.

Tagsüber fungiert die an ein aufwendiges Filmset[273] erinnernde Installation als – in den Ausstellungsbetrieb eingebettete – Kulisse eines einschlägigen Etablissements, abends sorgen die Betreiber des im siebenten Wiener Gemeindebezirk real existierenden Swingerclubs „Element6" für den reibungslosen Ablauf des Betriebs.

Die Trennung von inszeniertem Setting und Clubbetrieb wurde in der medialen Rezeption des Projekts nicht wahrgenommen bzw. nicht weiter thematisiert. Dadurch fand die Auseinandersetzung mit den akribisch gestalteten Raumspezifika nicht statt, die Öffentlichkeit war vielmehr in dem Glauben verblieben, dass ein Swingerclub kurzerhand von einem Ort an einen anderen verlegt wurde.

Legt der Titel „Raum für Sexkultur" die Lesart über die ortspezifische Intervention, die Inszenierung und Konstruktion eines kulturellen Raumes zum Ausleben von Sexualität nahe, so scheint das in der Folge oft als Ausstellungstitel wiedergegebene „Element6" als Etablissementname lediglich die Betreiber des Swingerclubs zu benennen.

Fest steht, dass auch auf den Flyern, die für die Ausstellung werben, auf der Höhe des Schriftzuges „Secession" in roten Lettern der Titel „Raum für Sexkultur"

von den holländischen Vertretern der Situationistischen Internationale. Aber auch Debord, Jorn, Wyckaert und Zimmer steuerten Ideen bei. Das Labyrinth sollte in einer Kombination aus Innerem (Wohnraum) und Äußerem (städtischer Raum) eine noch nie gesehene Umwelt schaffen. Geplant war neben dem Einsatz von künstlichem Regen oder Nebel und Wind auch die Arbeit mit Wärme- und Lichteffekten sowie der Einsatz von Soundscapes und der Durchbruch einer Museumsmauer, um einen neuen Eingang zu schaffen, und gleichzeitig zu betonen, dass man sich nicht den Museumskonditionen anpasst. Vgl. Anonym: „Die Welt als Labyrinth", in: *Situationistische Internationale 1976.* Bd.1, S.120f. – Eine detaillierte Beschreibung des Projekts ist auch auf der Website Si-Revue, auf der die im Deutschen vergriffene Zeitschrift der *Situationistischen Internationale* neu zugänglich gemacht wird, zu finden: Vgl. Anonym, „Die Welt als Labyrinth", http://www.si-revue.de/die-welt-als-labyrinth (4.4.2010)

273 Die Metapher des Filmsets taucht in Zusammenhang mit den Arbeiten Büchels immer wieder auf. Dan Fox stellt diesbezüglich fest, dass Büchels Installation „Simply Botiful" (Hauser & Wirth Coppermill, London, 2007) vereinfacht gesagt, wie ein Filmset funktioniere. Und er fügt hinzu: „Some may prefer the term ‚fictional space', but since these are real, physical rooms, they're certainly not fictional." Vgl. Fox, Dan: „Christoph Büchel", in: *Frieze,* London. Mai 2007, S.163
Interessant ist in diesem Zusammenhang eine weitere mögliche genealogischen Verortung von Büchels Arbeit. Diese könnte im Expanded Cinema und seiner Konstruktion von codierten Räumen, die psychische Zustände spiegeln, zu finden sein. – Erwähnt sei hier beispielsweise das bahnbrechende Werk von Stan Douglas, die Filminstallation „Der Sandmann" (1994–95).

vermerkt ist. Weiters weist eine Zeile sowie ein Werbesujet auf der Rückseite (es zeigt eine Nackte, die ein Glas vor ihren Intimbereich hält und im Begriff ist, sich Rotwein einzuschenken) auf die „Bar-Club Element6" hin.

Da im Rahmen der vorliegenden Ausführungen der Fokus auf der ortspezifischen Kontextualisierung liegt, die optionale Nutzung im Sinne des Partizipatorischen mitgedacht wird, allerdings nicht im Mittelpunkt steht, ist im folgenden von dem Projekt unter dem ursprünglichen Titel „Raum für Sexkultur" die Rede.

VI.3.3 DIE INSZENIERUNG DER DESORGANISATIONSPROBLEMATIK

Die Großprojekte des Künstlers, allesamt hochkomplexe Rauminstallationen, treten mit ihrer unmittelbaren Umgebung in direkten Dialog, transformieren ihn in etwas Anderes – in kommunizierende, explodierende Gefäße.[274]

Die radikale Transformation des Ausstellungsraumes erzählt die Geschichte vom Verschwinden des institutionellen Raumes und seiner Wiedergeburt als Rekonstruktion eines vermeintlich profanen gesellschaftlichen Konstrukts. Büchel agiert mit seinen Inszenierungen in der Tradition Kabakovs. Als *Totale Installationen* handelt es sich bei seinen Arbeiten gleichsam um verlassene Bühnenbilder, „die der Zuschauer in der Pause inspiziert".[275]

274 Darüber hinaus schreiben sich auch kleinere konzeptive Werke, die von institutions- und gesellschaftskritischen Manövern geprägt sind, in das Arbeitsfeld des Künstlers ein. In den Found-Footage Videoarbeiten „An Oval Office Tour With President George W. Bush" (2003) und „La Suisse Existe" (2000) beschäftigte er sich beispielsweise mit der medialen Repräsentation von politisch-definierten Räumen und mit Erzählräumen der Ideologie. 2002 versteigerte er seine Einladung zur Manifesta 4 auf eBay. In „Capital Affair" (gemeinsam mit Gianni Motti) im Helmhaus, Zürich, erklärte er, das Ausstellungsbudget demjenigen Besucher zu vermachen, der einen in den leeren Ausstellungsräumen versteckten Scheck über CHF 50.000 findet. (Freilich unter notarieller Aufsicht.) 2006 initiierte Büchel in Salzburg mit der *Aktion Rettet Salzburg* (ARS) eine öffentliche Kulturdebatte. Während des Kontracom Festivals rief er mit dem Bürgerbegehren *Salzburg bleib frei* zu einem fünfjährigen Verbot von „so genannter Gegenwartskunst" im öffentlichen Raum auf. Da mehr als 2000 SalzburgerInnen das Begehren unterschrieben hatten, musste tatsächlich eine Volksbefragung durchgeführt werden. Unter dem Motto: „Schluss mit der Verschandelung unseres Weltkulturerbes!" war im Rahmen der subversiven Aktion die Rede von einem „respektlosen Angriff auf das Kulturverständnis der Salzburger Bevölkerung". Die Salzburger Altstadt dürfe, so hieß es, „unter keinen Umständen erneut durch übersubventionierte und missverständliche Gegenwartskunst zur ‚Gstättn' degradiert werden (...) Wir sammeln stadtweit Unterschriften. Wir brauchen keinen Kunstbeirat." Und auch an dieser Stelle findet sich schon das später im Rahmen der Secessions-Projekts verwendete programmatische Leitmotiv Büchels: „Der Kunst ihre Kunst, der Freiheit ihre Zeit!"

275 Vgl. Kabakov, Ilya: *Über die totale Installation.* Ostfildern: Cantz 1995, S.16

Die BetrachterInnen werden zu AkteurInnen, bewegen sich frei durch den Raum, inmitten der Installation gibt es für sie keinen privilegierten Standpunkt, keine normierten Blickachsen mehr. Sie bewegen sich durch die Installation wie durch eine physische und psychische Landschaft. Und nichts erinnert an den Kontext „Kunst“: die *Poetik des Raumes* entfaltet ihre volle Wirkung.

Im Unterschied zu Kabakov, der Erläuterungen liefert und in dessen Rauminszenierungen sich die Dinge einer narrativen Struktur entziehen, verzichtet Büchel auf weitere Erklärungen und setzt bewusst auf die Wirkung seiner Raumatmosphären, auf offene Narrative, die mögliche Lesarten nahelegen. Die Räume und die Dinge transportieren Botschaften, die im Rahmen der selbstreflexiv-performativen Aneignung[276], die sie herausfordern, nicht selten zu idiosynkratischen Zumutung werden.

Flure, Schächte, Hallen. Röhren, Systeme, Schlupfwinkel. Schlafstellen, Spuren von menschlicher Zivilisation. Müll und Wasser („Shelter“, Haus der Kunst, München 2002). Menschenleere Zimmer, in denen niemand mehr wartet („Hole“, Kunsthalle Basel, 2005). Büros und Werkstätten, verlassen. (Überlebens-)Räume befüllt mit Hausrat, mit Kühlschränken, mit Industrieschrott jeder Art („Simply Botiful“, Hauser & Wirth Coppermill, London, 2006 und „Hole“). Autobuswracks im forensischen Setting („Hole“), eine leere Sporthalle, mit Kojen zum temporären Flüchtlingslager umfunktioniert („Close Quarters“, Kunstverein Freiburg, 2004), Ausgrabungen gegenwärtiger Folklore und möglicher Urgeschichte, sowie abermals: Gehortetes und Abfall („Dump“, Palais de Tokyo, Paris, 2008): Büchels Rauminszenierungen sind allesamt von sozialer Marginalisierung und Verflüchtigung, von traumatischer Erfahrung, Postkolonialismus, Migration und globaler Marktwirtschaft geprägte, postapokalyptische Szenarien, von der Ästhetik der Tristesse durchsetzt. Bisweilen sind sie, in ihrer Nüchternheit, nachgerade komisch.

Die Sets erzählen von der Desorganisationsproblematik, vom drohenden Vermüllungssyndrom. Von der Entropie zu Hause. – Und das Glück ist immer andernorts.

Die Installationen des Künstlers öffnen Narrationsfelder, in denen sich ungeahnte (Quer-)Verweise auftun. Indem Büchel als „Bastler am Alltag“[277] quasi eine Archäologie der Gegenwart betreibt und den Zivilisationsmüll wiederaufbereitet, be-

[276] Zur aktiven Erschließung von Minimal Art und Installation durch selbstreflexiv-performative Aktivität vgl. auch: Rebentisch, Juliane: *Ästhetik der Installation*. Frankfurt/Main: Suhrkamp. 2003, S.59f.

[277] Als solchen bezeichnet Büchel sich selbst in einem Gespräch mit Paolo Bianchi. Büchel sagt: Er sei „ein Bastler am Alltag, der Bilder, Erinnerungen und Alltägliches räumlich zusammenmontiert, um etwas Neues entstehen zu lassen“. Er zeige in seinen Installationen „Ausschnitte einer wuchernden, einer konstruierten Welt, die sich selbst nicht versteht“. Vgl. Bianchi, Paolo: „Müll triggert Ideen“, in: *Kunstforum International*, Bd. 168, 2004, S.74

leuchtet er die Systeme der Dinge, er legt den Status quo als Bedeutungsschichten der Mensch-Müll-Relationen frei. Das Material, wie auch das Kapital des Künstlers, ist der (Zeichen-)Müll als gesellschaftliches Überschussphänomen.

Spätestens seit Michael Thompsons *Theorie des Abfalls*[278] wissen wir: Abfall wird nicht produziert, sondern sozial konstruiert. Der Abfallbegriff ist demnach ein dynamischer. Die Zuschreibung erfolgt aufgrund gesellschaftlicher Machtdispositive im historischen Wandel. Eine Tatsache, die sich Büchel in seiner Arbeit zu Nutzen macht. In dem er im Sinne Duchamps Recycling betreibt und Abfall wie Nicht-Kunst zu Kunst erklärt und in seine Rauminstallationen einbettet, spielt er mit der binären Codierung von Wertlos versus Wertvoll im Kontext der Kunst sowie mit den den (Kunst-)Markt konstituierenden Faktoren. Er lädt gleichsam Objekte aus dem Müll dazu ein, aus dem Vergänglichen in die Kategorie des Dauerhaften zu wechseln. Er produziert dergestalt Dinge von bleibendem Wert. – Und ganz nebenbei jede Menge Müll.[279]

„Der Linearität von Produkt – Konsum – Abfall – Mülldeponie (die Ware/wahre Kunst landet im Museum), wird von Müllkünstlern ein non-lineares, zyklisches Verfahren gegenübergestellt: Produkt – Konsum – Ressource – Magazin/Speicher/Archiv/Depot. Recycling statt Finalität: Die Müllkippe mutiert vom Endlager zum Zwischenraum. Das Areal für Altlasten entpuppt sich als Ort der Transformation des Vorgefundenen in neue Kontexte", wie es Paolo Bianchi formuliert.[280]

Büchel inszeniert Wirklichkeit, indem er Räume produziert, physisch und symbolisch. Dies tut er mit enormem Gestaltungswillen, bis ins Detail genau. Seine sinnlich überbordenden Arrangements explodieren förmlich vor Immersionspotenzial. Er errichtet wahre Signifikantendeponien. Mit seiner künstlerischen Arbeit setzt er die Rahmung neu, das Kunstwerk lädt zu veranderter Nutzung der bisher der Kunstrezeption vorbehaltenen Räumlichkeiten ein. Indem er gesellschaftliche Realität aufschüttet und ins Zentrum der Repräsentation stellt, setzt er gleichsam installative Maßnahmen gegen die *Verflüchtung des Realen*. Das Verdrängte kehrt wieder.

278 Vgl. Thompson, Michael: Mülltheorie. *Über die Schaffung und Vernichtung von Werten.* Essen: Klartext-Verlag. 2003

279 In diesem Zusammenhang ist von Interesse, dass Büchels aufwändige Inszenierungen oftmals die finanziellen und logistischen Kapazitäten nicht nur kleiner Institutionen sprengen.

280 Bianchi, Paolo: „Theorien des Abfalls", *in: Kunstforum International*, Bd. 167, 2003, S.32
Zu Christoph Büchel und zur Inszenierung von Chaos und Müll, sowie zur Spurensuche durch Räume, deren frühere BewohnerInnen „Gefangene ihrer psychischen Zustände waren", vgl. auch: Bianchi, Paolo: „Müll triggert Ideen", in: *Kunstforum International*, Bd. 168, 2004, S.66ff. – Für Bianchi ist Büchel ein „Begründer und Könner im Machen von ‚Lifescapes', die nicht ein Abbild der Welt sind, sondern selbst eine Welt". (Zit. S.67)

VI.3.4 RAUM FÜR SEXKULTUR

Auch mit der Arbeit „Raum für Sexkultur“ in der Secession bleibt es nicht beim Gestus des l'art pour l'art: mit den Räumlichkeiten, die beständig zwischen künstlerischer Intervention und „realer“, aktiv genutzter Swingerclub-Kulisse oszillieren, bringt Büchel Bewegung in den Jugendstilbau. Er thematisiert gesellschaftliche Verhältnisse und konstruiert codierte Räume, die als künstlerische Inszenierung konstitutiv soziale Realität etablieren. Der Künstler transferiert ein soziales Environment in den Kunstraum, spielt mit den Konventionen von Alltag und Kunst und mit den Erwartungshaltungen und den Ängsten des Publikums.

Die Präsenz der Räume nimmt unterschiedliche Form an: Sie konstituiert Räume der Begierde (auf imaginäre und symbolische Weise) ebenso wie furchterregende Räume (fest verankert im Irrealen).[281] Zwischen Realität und Fiktion laden die detailgenau konzipierten und akribisch umgesetzten Raumsituationen zu Exkursionen in den unbekannten Alltag mit dem Ziel, das Unmögliche zu benennen.

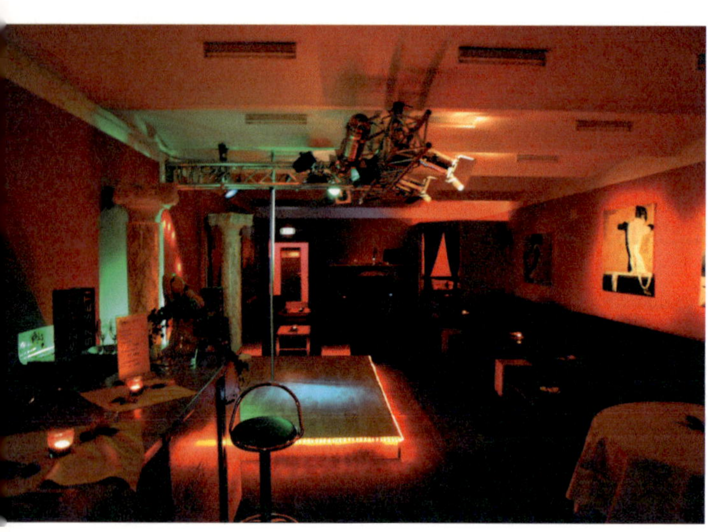

Abb. 13
Ausstellungsansicht, „Raum für Sexkultur“,
Christoph Büchel, Secession, 2010
(Foto: Paul Divjak)

[281] Der Gedanke folgt einer Ausführung von Clément Rosset, der sich in *Das Reale in seiner Einzigartigkeit* mit dem Realen, dem furchterregenden Objekt und dem Objekt der Begierde (in imaginären und symbolischer Hinsicht) auseinandersetzt. – Rosset ist es auch, der den Begriff Realitätsgefühl verwendet. Vgl. Rosset, Clément: *Das Reale in seiner Einzigartigkeit.* Berlin: Merve. 2000 (1979), S.46, S.52ff.

„Je realer ein Objekt ist, um so weniger kann es identifiziert werden", stellt Clemént Rosset fest und folgert daraus: „je intensiver das Realitätsgefühl ist, um so unbeschreibbarer und undurchsichtiger ist es".[282] – Vielleicht lassen sich Büchels Arbeiten ja als Einladungen zur (Wieder-)Entdeckung des Realen lesen und beschreiben, als atmosphärische Ausflüge hinter den Spiegel der Repräsentation, zum Zwecke der Evozierung eines ebenso intensiven wie dichten *Realitätsgefühls*. Mimetische Irritation als Strategie zur phänomenologischen Weltaneignung in Zeiten der *Kulissen des Glücks*[283], gewissermaßen. Büchel entwirft eine Kopie des Realen, die unwahrscheinliche Verdoppelung zur Suggerierung des Realen, und öffnet damit Denkbewegungen, die vom Taumel ins Bodenlose bestimmt sind.

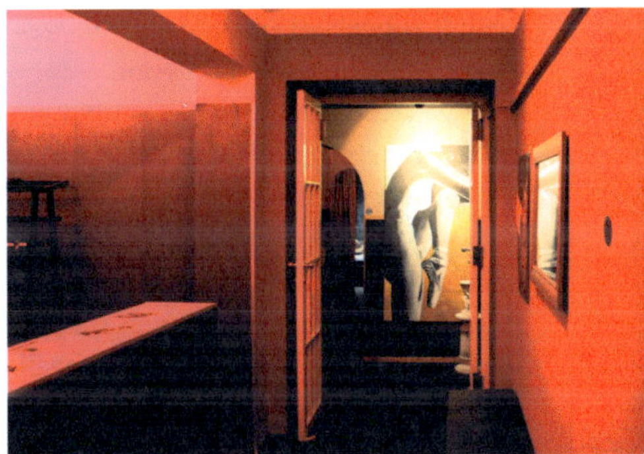

Abb. 14
„Raum für Sexkultur",
Christoph Büchel,
Secession, 2010
(Foto: Paul Divjak)

Tarnen und Täuschen: es sind, einem Gedanken Paul Virilios folgend, nicht die Truppenbewegungen, die Büchel dem Feind verunmöglicht, es sind die konventionellen Blicke auf die Kunst und das Leben, die der Künstler umlenkt. Mit dem Effekt, dass die BetrachterInnen nicht mehr wissen, „wo die Wirklichkeit anfängt und wo sie aufhört".[284] Dass dies naturgemäß Diskussionen auslöst, liegt in der Natur der Sache und im Interesse des Künstlers.

282 Vgl. Rosset, Clément: *Das Reale in seiner Einzigartigkeit.* Berlin: Merve. 2000 (1979), S.45f.

283 So der Titel eines Buches des Soziologen Gerhard Schulze. Es trägt den programmatischen Untertitel: „Streifzüge durch die Eventkultur". Vgl. Schulze, Gerhard: *Kulissen des Glücks. Streifzüge durch die Eventkultur.* Frankfurt/Main: Campus. 1999

284 Vgl. Virilio, Paul: *Die Eroberung des Körpers. Vom Übermenschen zum überreizten Menschen.* Frankfurt/Main: Fischer. 1996 (1993), S.64

VI.3.5 DER SKANDAL ALS RITUAL

Die Location etabliert ein Milieu, sie erzählt offene Geschichten, bietet sich für unterschiedlichste Lesarten und Nutzungen an. Büchel setzt auf Synästhesie, auf – in jedem Sinne – intensiv gelebte, körperliche Erfahrung. Interaktion und ein offener Prozess prägen das Projekt der sinnlichen Arrangements. Er hat gleichsam Debord beim Wort genommen und zum Gegenschlag ausgeholt. Wo Debord die Vereinheitlichung des Raumes durch die kapitalistische Produktion beklagt und die Autonomie und Qualität der Orte in Auflösung begriffen sieht[285], setzt Büchel zur Immunisierung durch Aktivschutz an. Die Produktion von mimetisch präziser (Re-) Konstruktion von Banalität ließe sich als Gegenmittel verstehen. Die Neubesetzung von Räumen, das Setzen neuer Rahmen im Sinne von Halbwachs und Goffmann[286], das Aufbrechen von Konditionierungseffekten (sozialen Ritualen), die Produktion von Wahrnehmungs- und Handlungsappellen: allesamt Taktiken einer subversiven Thematisierung und Wieder- und Neuaneignung von kontextualisiertem Raum.

In den österreichischen Zeitungen wird die Intervention „Raum für Sexkultur" schon vor ihrer offiziellen Eröffnung als mittelgroßer Skandal gehandelt. Das Kunstereignis wird vom Boulevard mit der typischen Mischung aus Schlüpfrigkeit, Ablehnung, Lüsternheit und Entsetzen kommentiert. Aber auch die seriösere Berichterstattung initiiert keine inhaltliche Debatte über Kunst und Sex. Wieder einmal wird das fehlende Feuilleton in Österreich augenscheinlich. Es dauert nicht lange und erste Forderungen nach einem Verbot werden laut. Im Nu wird die Finanzierungsfrage von öffentlicher Seite als Argument bedient. Aufregung gibt es auch in der Schweiz, ist das Kunstprojekt doch mit 15.000 Franken von der Stiftung Pro-Helvetia unterstützt worden.[287]

285 Vgl. Debord, Guy: *Die Gesellschaft des Spektakels.* Berlin: Bittermann. 1996 (1967), S.145

286 Halbwachs hat den Begriff der „sozialen Rahmen" eingeführt, Goffmann die „Rahmenanalyse" entwickelt. Halbwachs „Rahmenanalyse" ist eine des Erinnerns, Goffmann geht es um die Organisation von Alltagserfahrung. In beiden Fällen geht es um einen Bezugsrahmen, der Gegenwart konstruiert und rekonstruierbar macht. Vgl. Halbwachs, Maurice: *Das Gedächtnis und seine sozialen Bedingungen.* Frankfurt/Main: Suhrkamp, 1985 (1925) Und: Goffmann, Erving: *Rahmen-Analyse. Ein Versuch über die Organisation von Alltagserfahrungen.* Frankfurt/Main: Suhrkamp, 1977 (1974)

287 Der Pro-Helvetia-Stiftungsrat Cäsar Menz, verteidigt sich und begründet den Entscheid der fünfköpfigen Gruppe Visuelle Kunst mit den Worten: „Die Idee der Ausstellung wurde beschrieben mit Fragen zu Hygiene und Reinheit, Demokratie und dem Phänomen, dass sich heute Kulturhäuser kommerziell vermarkten müssen, um zu überleben." (Zit. in: *Die Weltwoche*, Nr. 09/10, 3.3.2010) Auf ihrer Homepage weist die Stiftung in einer Stellungnahme unter der Überschrift „Warum Christoph Büchel?" darauf hin, dass sie Künstler unterstütze, „welche durch ihr Talent überzeugen. Dies ist bei Christoph Büchel der Fall. (...) Büchel macht Sexualpraktiken öffentlich, die existieren, welche die Gesellschaft aber gerne verdrängt. Büchel spielt auch auf die Geschichte der Secession an, als 1902 Gustav Klimt an der Eröffnung des Hauses mit seinem Beethovenfries einen Skandal auslöste. Es gibt in Büchels Ausstellung keine sexuellen Handlungen vor Publikum; tagsüber ist der Swingerclub reine Kulisse. Das Thema der Ausstellung ist Reinheit und Schmutz, möglichst realistisch inszeniert." http://www.prohelvetia.ch/Stellungnahme-PH-Austellung-Bu.449.0.html?&L=0 (7.3.2010)

Die Bezirksvorsteherin des ersten Wiener Gemeindebezirks, Ursula Stenzel (ÖVP), echauffiert sich und spricht davon, dass in den Anträgen für die Ausstellung nie „von einer Gruppensex-Veranstaltung die Rede" gewesen sei, sondern lediglich von Striptease im Rahmen der Kunstausstellung Büchels.[288] Sie ist der Meinung, dass ganz offensichtlich Steuergelder missbräuchlich als Subvention lukriert wurden. Der Kultursprecher der FPÖ, Gerald Ebinger, tut, was von ihm auf Gemeindeebene erwartet wird. Entrüstet stellt er fest: „Unter dem Missbrauch der Freiheit der Kunst wird hier die Bedeutung Österreichs als Kulturland in den Dreck gezogen. So etwas zu fördern ist ein Skandal."[289]

VI.3.6 DIE SECESSION ALS SWINGERCLUB

Büchel, der in seinen Rauminstallationen und Projekten reale Gesellschaftszustände inszeniert und soziale Situationen in den Kunstraum transferiert, spielt mit seinem Projekt in der Secession auch auf den Einfluss der Privatwirtschaft und Sponsorenpräsenz auf die Kulturinstitutionen im Spätkapitalismus und auf die Konzipierung der BesucherIn als globale KonsumentIn an.[290]

An der Fassade der Secession links und rechts des Haupteingangs prangen zwei riesige Plakate. Werbung für Hygieneprodukte. „Es wird Frühling" lautet der Header des einen. Das Sujet zeigt eine große Seifenblase, rundherum rosafarbene Blütenpracht vor blauem Himmel, daneben der Kopf einer Sprühflasche: Air Wick,

[288] Vgl. „Sex-Kultur: Swingerclub zieht in die Secession", in: *Die Presse*, 22.2.2010, http://diepresse.com/home/kultur/kunst/541510/index.do (7.3.2010)

[289] Vgl. Tomka, Karin: „Lokalaugenschein: ‚Ich war im Swingerclub'", in: Österreich, 22.2.2010, http://www.oe24.at/oesterreich/chronik/Lokalaugenschein-Ich-war-im-Swingerclub-0648770.ece (7.3.2010) Interessant ist in diesem Zusammenhang der Unterschied der Kritik an der Förderung in Österreich und in der Schweiz. In der Schweiz wird im reaktionär konservativen Umfeld die Frage gestellt: Wozu braucht ein am Kunstmarkt topgerankter Künstler überhaupt öffentliches Fördergeld? – „Christoph Büchel ist kaum auf die Steuerfranken angewiesen. Für seine Werke kassiert er teils mehrere hunderttausend Franken. 2006 hob ihn die *Bilanz* auf Platz eins ihres Ratings der Gegenwartskünstler. Muss der Staat einem solchen Kunst-Grossverdiener Flugtickets und Klebstoff vergüten?" (Vgl. Glaus, Daniel: „Steuergelder für Wiener Sexspiele", in: *Die Weltwoche*, 9/10, 3.3.2010)

[290] Nina Möntmann stellt diesbezüglich fest: „Das klassisch bürgerliche Institutionenmodell ist (...) längst abgelöst worden von einer korporativen Institutionslogik, flexibilisierten Arbeitsbedingungen, einem Programm mit Event-Charakter und einem populistischen Öffentlichkeitsbegriff. (...) Die Anforderungen haben sich geändert, Kunstinstitutionen müssen sich in ihrer Standort- und PR-Politik mit Wirtschaftsunternehmen messen. Der Bildungsauftrag ist zum Konsumtionsauftrag geworden. " Vgl.: Möntmann, Nina: „Das Unternehmen Kunstinstitution im Spätkapitalismus", in: *Transversal* 01/2006, http://eipcp.net/transversal/0106/moentmann/de (european institute for progressive cultural policies) (2.4.2010)

Aqua Nature. Auf dem anderen Werbeträger räkelt sich ein Hundewelpe auf einem samtigem Kissen. „Etwas weicher, etwas dicker, ein kleiner Luxus." Hakle Feucht, Toilettenpapier. – Die Claims lassen sich beide auf Büchels Inszenierung hin lesen, sie sind gleichsam nach Außen transportierte Werbebotschaft für das Kunstprojekt, seine Verortung in der Logik der Zeit. Es wird Frühling, die Hormone erwachen: Zeit für Sex. Der Gedankengang liegt auf der Hand. Konsistenz und Haptik, luxuriöses (Sich-Selbst-)Verwöhnen: programmatischer könnte die Einladung zum Besuch des Swingerclub-Settings nicht gestaltet sein. Büchel hat „Wunschbilder und Praktiken des Kapitalismus aufgeschichtet"[291] (Baumann) und bietet geteilte Intimität als letzte Form zur Redemokratisierung an, gewissermaßen.

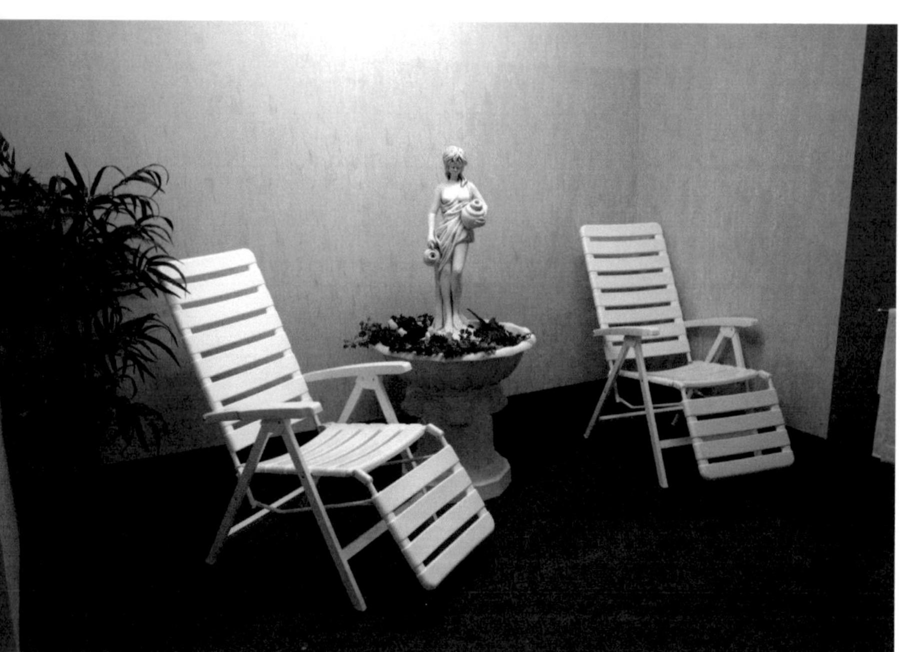

Abb. 15
„Raum für Sexkultur", Christoph Büchel, Secession, 2010
(Foto: Paul Divjak)

291 Bauman, Zygmunt: *Flüchtige Moderne*. Frankfurt/Main: Suhrkamp. 2003 (2000), S.70

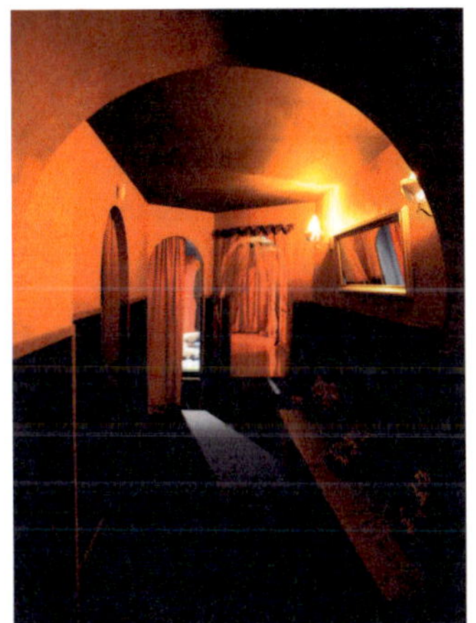
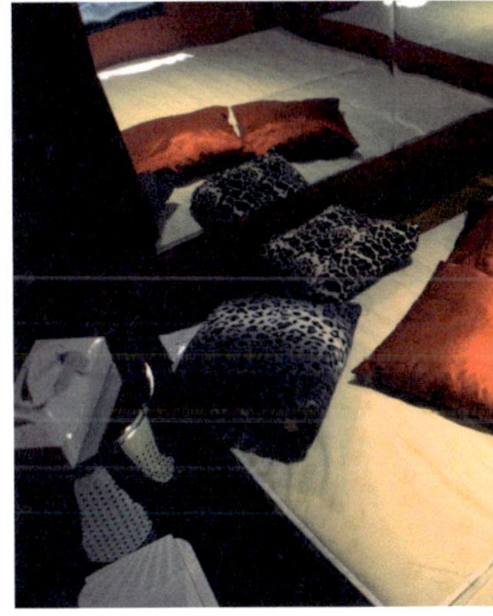

Abb. 16/17
„Raum für Sexkultur", Christoph Büchel, Secession, 2010
(Foto: Paul Divjak)

VI.3.7 BESTANDSAUFNAHME

Der Eingang zur Installation „Raum für Sexkultur" befindet sich auf der rechten Seite des Gebäudes der Secession. Einem Abgang zu einer öffentlichen Toilettenanlage gleich, stehen die BesucherInnen vor einer verschlossenen Türe. Ein Schild verbietet das Fotografieren, ein weiteres fordert zur Benützung der Türglocke auf. Bei Betätigen der Glocke ertönt eine computerisierte Version des Finalsatzes von Beethovens letzter vollendeter Symphonie „Ode an die Freude", und schon nach kurzem öffnet ein freundlicher Mann die Türe.

Bereits im Foyer empfängt uns gedämpftes Licht. Der Geruch von Desinfektionsmittel und Raumspray liegt in der Luft. Eine Garderobe, verkleidet mit PVC Marmorimitat, zwei kopulierende Schildkröten aus Stein weisen den Weg. Es gibt Schließfächer, allerorts stehen Fake-Plastiken. Sie bilden ein Sammelsurium der Formsprachen, in dem griechische Antike, Hochrenaissance und nationalsozialistische Ästhetik aufeinandertreffen. Zwischen Erhabenheit, Erotik und Verlogenheit finden sich: eine Gradiva, die ihren Körper wahlweise schützend oder kokett mit einem Stück Stoff bedeckt. Der Torso eines Paares, Rücken an Rücken. Eine schaumgeborene Venus in der Muschelhälfte. Engel, die mit Kondomen befüllte Schalen feilbieten[292]. Mythologische Figuren, goldumrahmte, barocke Spiegel, Plastikbäume

292 Nina Möntmann stellt diesbezüglich fest: „Das klassisch bürgerliche Institutionenmodell ist (...) längst abgelöst worden von einer korporativen Institutionslogik, flexibilisierten Arbeitsbedingungen,

und Sträucher, antike Säulen: Versatzstücke des Kitsches, Arrangements von abgenutzten Signifikanten prägen das Ambiente, die „konkrete Organisation von Sinnesreizen".[293] Entlang des Flurs wird es schummriger, nur teilweise akzentuieren Spots Details. An den Wänden hängen großformatige Akte, signiert mit „Krutisch".[294] Eine Frau in Ballettschuhen; mit angewinkeltem Bein, mit entblößter Brust und Scham.

Was sich auftut, ist ein Labyrinth aus Räumen, Zimmern, Nischen. Hier ein Separee mit Pornofilmprojektion, dort ein Darkroom, wieder anderswo eine Koje, umfunktioniert zur erotischen Spielwiese, samt Polster mit Tigermuster, Kleenex-Box, ausgelegten Handtüchern und Abfalleimer.

Je weiter wir uns durch die Dunkelheit vorarbeiten, desto mehr kehren wir, im Sinn Platons, zum Realen zurück. Das Licht wird spärlicher, und wir fangen an zu sehen – in die Höhle zurückgekehrt, umgeben von Explizitem. Am privilegierten Rand der Unmittelbarkeit erschließt sich im Verborgenen eine Bricolage der Stile, im Rahmen einer Exkursion in *andere Räume.*

Wir bewegen uns durch einen Erfahrungsort, der Fragen nach dem Normativen aufwirft, und uns zu aktiven ProduzentInnen im Umgang mit Diversität, Realität und möglichen Begegnungs- oder Konfliktszenarien macht. Die Dimension der Installation ist beeindruckend und von Detailgenauigkeit, vom präzisen Umgang mit Materialien und dem Entwurf von Authentizität geprägt. Der Klang von Musik erfüllt den Raum. War eben noch aktueller R'n'B zu hören, sorgen nun Klassiker aus den 1970er Jahren für angemessene Stimmung.

Im rot ausgemalten Hauptraum befinden sich sechs große Ledersofas, jeweils mit Sitzwürfeln und Tischen zu Gruppen formiert. Auf den Tischen sind Kerzen verteilt. An den Wänden weitere mit „Krutisch" signierte Ölbilder. Auf der Holzverkleidung der Bar prangt das Logo der Sektkellerei Szigeti.

Im Schoß der Skulptur einer nackten Sitzenden auf der Theke liegen Kondome. Daneben ist die „Element6"-Getränkekarte positioniert.

einem Programm mit Event-Charakter und einem populistischen Öffentlichkeitsbegriff. (...) Die Anforderungen haben sich geändert, Kunstinstitutionen müssen sich in ihrer Standort- und PR-Politik mit Wirtschaftsunternehmen messen. Der Bildungsauftrag ist zum Konsumtionsauftrag geworden. " Vgl.: Möntmann, Nina: „Das Unternehmen Kunstinstitution im Spätkapitalismus", in: *Transversal* 01/2006, http://eipcp.net/transversal/0106/moentmann/de (european institute for progressive cultural policies) (2.4.2010)

293 Vgl. Eco, Umberto: *Im Labyrinth der Vernunft. Texte über Kunst und Zeichen*. Leipzig: Reclam. 1989, S. 266

294 Büchel hat dem Maler Robert Krutisch wohl eine Carte Blanche gegeben und dessen Werke als raumbildende Maßnahme, als bewusst gesetzte Marker, die zur Inszenierung der Atmosphäre beitragen, integriert. Auf einem an die Wand geklebten A4-Zettel neben der Bar steht zu lesen, dass Krutischs „großformatige, extravagante Bildsprache glamourös" sei, es handle sich um „Bildkompositionen à la Netrebcoft, eine Mischung aus der virtuellen Lara Croft und der sehr realen Operndiva Anna Netrebko." Außerdem ist von „popkulturellem Schauwert" die Rede.

Das Setting ist nachmittags menschenleer, der Rauch des Abends hat sich in den Vorhängen der beiden Séparées verfangen.

Unmittelbar neben der Ausschank befindet sich eine Bühne mit Tanzstange im glänzenden Edelstahldesign. Der hintere Bühnenrand ist flankiert von zwei riesigen ionischen Säulen und Lautsprecherboxen, darüber hängt der Aufbau eines Lichtracks. Alternierend flackert ein blauer Spot, ein roter Spot und ein gelber Spot. Vorbei an einem mit rotem Stoff verkleideten DJ-Pult samt Computersystem geht es in einen benachbarten Barraum, in dem Konsumation auch während des Tagesbetriebs möglich ist.[295] Daran angrenzend geht es in den *englischen Salon.* Dessen Kernstück bildet ein Fake-Kamin mit Flachbildschirm auf dem virtuelle Flammen lodern. Auf dem Kaminsims sind Statuen platziert; drei Lesben beim Liebesspiel, eine Nackte auf einer Muschel liegend, eine Dame barbusig, ohne Arme. Ihren Unterkörper bedeckt Stoff mit imposantem Faltenwurf.

Über dem Kamin hängt die Reproduktion eines Schiele-Aktes. Links und rechts davon, in den Nischen an der Wand, sind die Köpfe von Trophäen der Wildjagd positioniert.

Schwarze Lederfauteuils sind zu exklusiven Sitzgruppen arrangiert. – Das Interieur suggeriert: wer hier keine Zigarre raucht, ist nicht Manns genug.

Der benachbarte Raum gleicht einer Katakombe, er ist mit dunkelroter Backstein-Fototapete ausgekleidet.[296] In dem kargen, gewölbten Kellerverlies prägt rotes Restlicht die Stimmung. Der Boden ist mit schwarzer, teilweise bereits abgeschlagener Ölfarbe ausgemalt. Heizungsschächte aus Aluminium verlaufen entlang der Decke. Themenbereiche gliedern die Nischen des Raumes. In einem Eck steht ein alter gynäkologischer Stuhl, in einem anderen ist eine mittelalterliche Folterkammer samt Folterstuhl und Pranger inszeniert, in wieder einem anderen steht eine einfach gezimmerte Gebetsbank. Zwei mobile Radiatoren sorgen für behagliche Wärme.

Schlägt man die andere Richtung ein, gelangt man zu einem Whirlpool, gesäumt von Plastiktopfpflanzen. Vor den Toiletteanlagen steht eine Duschkabine, Handtücher liegen bereit. Die Treppe, die hinunter in den Saal mit dem Beethovenfries führt, ist rechts und links von Lichterketten gesäumt. Im Zwischenraum ist eine Sauna errichtet, davor stehen im grellen Neonlicht zwei weiße Plastikliegen, dazwischen ein Brunnenimitat mit Plastikblättern gefüllt, darauf ein weibliche Statue mit Krügen in den Händen.

[295] Zum Zeitpunkt der teilnehmenden Beobachtung sitzen hier vier KunststudentInnen, trinken Bier und reflektieren ihr Schaffen und besprechen Auslandssemesterpläne.

[296] An der Eingangstür zu dem Raum wirbt ein Zettel für eine „einmalige Gelegenheit". „Bondage für Einsteiger", ein Workshop, denn „diese Lokation wird wohl nie wieder Erotik wie gerade eben erleben". Die 20 beinhalten laut Information „(...) ein 4 m Bondageseil zum Üben", das man schlussendlich auch mit nach Hause nehmen darf.

Hinter der Doppelflügeltüre, wie gehabt: der Saal, in dem sich der berühmte Klimt-Fries befindet. Doch auch dieser hat Änderung erfahren, wurde verwandelt. Das Licht ist gedimmt, die Akzentuierung der Spots liegt auf zwei von Büchel errichteten Liebesinseln. Matratzenlandschaften, gerahmt von Palmen und ausgestopften Wildtieren, laden zum Liebesspiel. Als „exotisch" konnotierte, ethnografisch-anthropologische Repräsentationen prägen den Raum. Die Installation erzählt atmosphärisch von der paradiesischen Artenvielfalt, vom (sexuell) erfüllten Leben im Anderswo, auf einer Insel, in utopischer Ferne. Replika der „Konserven des Kolonialismus"[297] schaffen wahlweise wohlige Behaglichkeit oder irritieren.

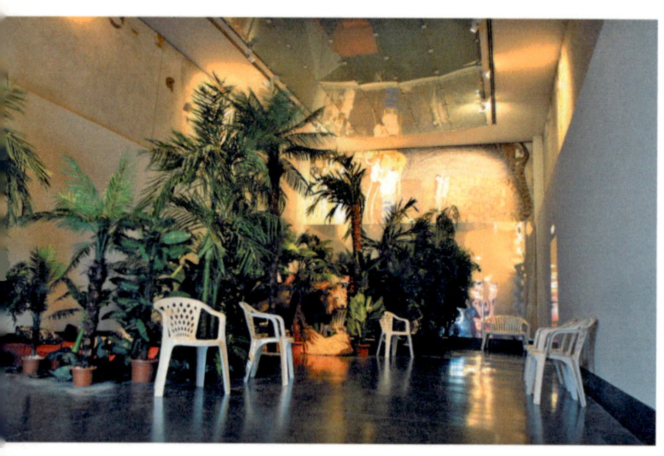

Abb. 18
„Raum für Sexkultur",
Christoph Büchel,
Secession, 2010
(Foto: Paul Divjak)

Das Leuchtdisplay eines Getränkeautomaten spendet Licht. Die ihm gegenüberliegende Wand ist mit Spiegelfolie verkleidet. Plastikstühle sind im Raum verteilt, laden zum Verweilen ein. Beethovens Neunte erklingt leise. Die monumentale Allegorie Klimts, der Beethovenfries: *Dieser Kuss der ganzen Welt* (1902) erstrahlt golden am Rundhorizont.[298] – *Die feindlichen Gewalten* geraten unversehens ins Blickfeld, *Lust, Unreinheit und Exzess* entfalten ihre Wirkung – und sie erfahren veränderte Wahrnehmung.

[297] Vgl. den gleichnamigen Beitrag von Christian Kravagna. In: Kazeem, Belinda / Martinz-Turek, Charlotte / Sternfeld, Nora (Hg.): *Das Unbehagen im Museum. Postkoloniale Museologien.* Turia + Kant. 2009, S.131

[298] „Der Beethovenfries wird zusammenfassend von drei wesentlichen Neuerungen geprägt: von der monumentalen, flächenhaften Isolierung der menschlichen Gestalt, von der inhaltsbetonenden Funktion der Linie sowie von der dominierenden Rolle der Ornamentik." Bisanz-Prakken, Marian: „Der Beethovenfries von Gustav Klimt und die Wiener Secession", in: *Gustav Klimt – Beethovenfries*, Wien: Secession. 2002, S.39

Das Motiv des monströsen Riesenaffens mit dem Zahnlückenmaul und den funkelnden Spiegel-Augen zwischen den Klimtschen Grazien tritt mit einem Mal in Kommunikation mit der Büchel'schen Intervention. Und vice versa.

Das Unmittelbare des Ortes wirkt auf die Intervention zurück, und die Inszenierung betont raumspezifische Aspekte. Das Auratische wird banalisiert. Das Banale wird auratisiert. Auf gar nichts mehr ist heute Verlass. Nicht einmal die Kunst bietet Halt, schafft Orte der Sicherheit: überall droht prekäre Balance (Baecker).[299] Und die Unsicherheit wird zum Dauerzustand.

Im Schatten der üppigen Themeninseln entdecken wir dann, gleichsam um dem *Horror Vacui* vorzubeugen, noch eine Kinderstation im letzten Winkel des Raumes. Ein kleines buntes Zelthaus, winzige Plastikstühle, falsche Topfpflanzen en miniature: dieses Set im Set entzieht sich der eindeutigen Zuordnung. Sind die Objekte als Fetisch zu verstehen? Stehen sie für die ins Eck gedrängte Kindheit, die ihrerseits ihren Platz behauptet und Wirkung entfaltet? „In dem Augenblick, in dem es die Erfahrung, in dem es die Kindheit des Menschen gibt, deren Enteignung das Subjekt der Sprache darstellt, wird die Sprache zu dem Ort, an dem die Erfahrung zur Wahrheit werden muß“, stellt Giorgio Agamben in *Kindheit und Geschichte* fest.[300]

Die Instanz der Kindheit manifestiert sich im „Raum für Sexkultur“, konstituiert ihn als Ort eines Erfahrungsprozesses, der auf Wahrheitsfindung abzielt. „Das Unsagbare ist, in Wirklichkeit, Kindheit.“[301]

Vielleicht ist aber auch die besagte Spielzeug-Behausung, sind die sie umgebenden Objekte aus der Dingwelt schlicht und einfach der entsorgte Teil eines ehemaligen Ausstellungsvermittlungsprogramms? In jedem Fall handelt es sich um instabile Signifikanten in der Abstellkammer der Kunst. Sie gehören, um mit Agamben zu sprechen, nicht zum Ritual und nicht zum Spiel.[302] Die Suche nach Interpretationsvarianten und ein anfängliches Schmunzeln verlieren sich dann rasch vor dem Hintergrund von Pädophilie im Alltag und der gegenwärtigen medialen Präsenz von institutionellen Missbrauchsskandalen in der Disziplinargesellschaft.

Was feststeht ist, dass Büchel virtuos mit Signifikanten spielt. Replika, Attrappen, Kopien. Wir bewegen uns durch das „Als-Ob einer Kulissenwelt“[303] (Hofmann). Versatzstücke und Signifikantenketten aus der Kulturgeschichte, wohin man auch blickt. Und es ist an uns, den AkteurInnen, die Spurensuche auf-

299 Vgl. Baecker, Dirk: *Studien zur nächsten Gesellschaft*. Frankfurt/Main: Suhrkamp. 2007, S.59.

300 Agamben, Giorgio: *Kindheit und Geschichte*. Frankfurt/Main: Suhrkamp. 2004 (1978), S.75

301 Ebd., S.75

302 Ebd., S.118

303 Hofmann, Werner: „Spielräume und Raumverstecke“, in: Flügge, Matthias / Kudielka, Robert / Lammert, Angela (Hg.): *Raum. Orte der Kunst*. Nürnberg: Akademie der Künste Berlin/Verlag für moderne Kunst. 2007 S.17

zunehmen. Dergestalt setzt Büchel mit der integrativen Inszenierung „Raum für Sexkultur" auf Partizipation und Klimts Werk dient ihm als ortspezifische Referenz und inhaltlicher Link.

Was letztlich die Brücke schlägt, aus der Vergangenheit in die Gegenwart, ist nicht nur der monumentale Charakter und die inhaltliche Ausrichtung beider Werke, es sind vergleichbare Reaktionen breiter Teile der Öffentlichkeit und der Presse. Wie Klimts Fries wird auch Büchels Installation nicht tiefergehend reflektiert. Die Rezeption ist vielfach von Unverständnis geprägt, das Projekt wird als obszön klassifiziert und präventiv zum Skandal erklärt.

Potenzielle Adjektiva, die Büchels Rauminstallation (2010) wie Klimts Vries (1902) zugeordnet wurden, lauten: schmierig, schmuddelig, anrüchig, pervers. Den Werken wird angesichts des impliziten Lustcharakters Pornografisches wie Pathologisches attestiert. Im Gegensatz dazu, sozusagen auf der „sauberen Seite", repräsentiert durch die Logik (u.a. der kanonisierten Kunstgeschichte) steht die „Reinheit": das reaktionäre, integre Subjekt (die wahre Kunst).[304] – „In allen europäischen Sprachen wurde das Wort *Labyrinth* zum Synonym für künstliche Komplexität, nutzlose Dunkelheit, für ein verschlungenes System und undurchdringliches Dickicht. ‚Reinheit' wurde zum Synonym für Logik", schreibt Jacques Attali.[305]

Die integrative Inszenierung „Raum für Sexkultur" setzt auf Irrwege der Erfahrung, die sinnstiftende Dunkelheit (das Dämmerlicht), um den Status quo zu beleuchten, und auf verschlungene, performative Wege zur Annäherung an Erkenntnisprozesse.

VI.3.8 HÖHLENKONSTRUKTIONEN

Was wir im Rahmen von „Raum für Sexkultur" vorfinden, sind Schlupfwinkel und Höhlenkonstruktionen, allesamt gleichsam Uterus-Metaphern, die „in Raumverdichtungen locken und als Ziel das leibhaftige, in sich ruhende Geborgensein in Nischen und Höhlen" versprechen, jedoch das Versprechen nicht

304 In diesem Zusammenhang sei auf das Schmutz-Glossar der Züricher Kunsttheoretikerin Irene Vögeli verwiesen. Vögeli stellt „Verben zum Reinen und Unreinen" vor und setzt sich mit der binären Vorstellung von Gut (Reinheit, Ordnung, etc.) versus Böse (Tabu, Profanierung etc.) auseinander. Vgl. Vögeli, Irene: „Schmutz-Glossar. ‚Verben zum Reinen und Unreinen'", in: *Kunstforum International*, Bd. 167, 2003, S.150ff.

305 Vgl. Attali, Jacques: *Wege durch das Labyrinth*. Hamburg: Europäische Verlagsanstalt. 1999, zit. in: Baumann, Zygmunt: *Flüssige Moderne*. Frankfurt/Main: Suhrkamp. 2003 (2000), S.163

einlösen. Definitive Geborgenheit ist nicht zu bekommen, die organischen Raum- und Körpermetaphern haben ihre Unschuld und ihre Funktionsweise verloren. In der Tradition von Schwitters Merzbau (1923) und seinem Labyrinth aus konkaven und konvexen Formen denken Gregor Schneider, Jan De Cock und Hans Schabus ihre Raumkonstrukte weiter, stellt Werner Hofmann fest.[306] Die Genannten, wie auch Christoph Büchel radikalisieren den Improvisationsgestus der Dadaisten, stellen die Rückzugsoption in Frage, geben ihre Bauten der Öffentlichkeit preis und thematisieren mit ihrer „Morphologie der Schlupfwinkelräume“ Alltag und Staat, Realität und Repräsentation, Seelenräume und Krisen. Hofmann stellt fest: „(...) indem sie ihre Arbeiten für den Kontext von Schau-Ereignissen konzipieren und mit großem Aufwand herstellen, (..) bekräftigen sie das Prestige der Institution ‚Ausstellung‘ und verunsichern es zugleich.“[307]

Büchel eröffnet erkenntnistheoretische Baustellen, voll geräumt mit Kulissen aus Signifikanten. Das Publikum ist eingeladen, zu AkteurInnen zu werden, sich aktiv zu beteiligen, das Spurenlesen aufzunehmen und sich daran zu machen, gegenwärtige Raumkonzepte und Erzählräumen zu befragen, identitätsstiftende Maßnahmen zu ergreifen und Handlungsräume wie -optionen (neu) zu definieren.

Es gelingt ihm gleichsam, „das Einfache sublim zu gestalten und das Sublime wiederum einfach. Statt Flächenwirkung, Tiefenwirkung zu suchen, statt Breite Dichtigkeit (...)“, wie Stefan Zweig es in das *Geheimnis des künstlerischen Schaffens* ausgedrückt hat.[308]

Büchel inszeniert einen offenen Prozess, es ist unklar, welche Richtung das Werk einschlägt, welche Form die in ihm stattfindenden Interaktionen annehmen. Das Publikum ist Koproduzent, gestaltet die konkrete Manifestation mit.

Stefan Zweig äußerte einst den Wunsch, dass Museen „nicht wie heute bloß die vollendeten Bilder“ zeigen sollten, „sondern auch alle Vorstufen dazu, die Skizzen, die Entwürfe, die Vorbilder vor dem wirklichen Bild“, um den RezipientInnen die Erfahrung des Mitschaffens zu ermöglichen, „den höchsten Genuß“ zu verschaf-

306 Hofmanns bezieht sich auf folgende Projekte der drei Künstler: Gregor Schneider, *Totes Haus u r* (Venedig, 2001), Jan De Cock, *Denkmal 7* (Frankfurt/Main, 2005) und Hans Schabus, *Das letzte Land* (Venedig 2005). Vgl. Hofmann, Werner: „Spielräume und Raumverstecke“, in: Flügge, Matthias / Kudielka, Robert / Lammert, Angela (Hg.): *Raum. Orte der Kunst.* Nürnberg: Akademie der Künste Berlin/Verlag für moderne Kunst. 2007, S.13, S.15
Zum Labyrinthischen bei Christoph Büchel und Gregor Schneider vgl. auch: Düchting, Susanne: „Labyrinthe: Vom Wahrnehmen der Wahrnehmung am Beispiel der Räume von Christoph Büchel und Gregor Schneider“, in: Schuhmacher-Chilla, Doris (Hg.): *Im Banne der Ungewissheit.* Oberhausen: Athena. 2004, S.239ff.

307 Hofmann, Werner: „Spielräume und Raumverstecke“, in: Flügge, Matthias / Kudielka, Robert / Lammert, Angela (Hg.): *Raum. Orte der Kunst.* Nürnberg: Akademie der Künste Berlin/Verlag für moderne Kunst. 2007, S.15

308 Zweig bezieht sich in der konkreten Ausführung auf den Dichter C.-F. Ramuz. Vgl. Zweig, Stefan: *Das Geheimnis künstlerischen Schaffens.* Frankfurt/Main: Fischer. 1993 (1938), S.343

fen.[309] Die integrative Inszenierung „Raum für Sexkultur" kommt diesem Wunsch entgegen. Bei aller Perfektion der mimetischen Rekreation des Settings, bei aller Detailgenauigkeit der Mise-en-Scène, wird der Raum nicht als Behälter gedacht, der einmal errichtet, hält, was er verspricht. Und das für immer. Der Raum ist offen gestaltet, im Bewusstsein dessen, das er sich, wie es Dietmar Kamper ausgedrückt hat, aus „dem ‚Zwischen', das Menschen in lebendiger Zeit miteinander und gegeneinander erschaffen"[310], ergibt. Hier kommt zweierlei ins Spiel, der Körper und das Bedrohliche, die Schatten des Verdrängten. Physisch erfahrbare Konflikte mit dem Realen.

„Im Falle eines schweren Konflikts mit dem Realen sieht sich der Mensch, der instinktiv spürt, dass die Anerkennung des Realen seine Kräfte übersteigt, ja sogar seine Existenz gefährdet, zur Entscheidung gedrängt, entweder die Partei des Realen zu ergreifen oder seine eigene – hier gibt es keine Ausflüchte mehr: ‚Ich oder es'."[311] Die Erkenntnis ist ein potenzielles Risiko, und Christoph Büchel fordert es wiederholt heraus. Es gilt, sich einzulassen auf die Stereotypen und Banalität des Alltags und einen Blick auf das dahinter liegende Verdrängte zu riskieren.

Oder wie es der Senior Editor von *ArtSlant,* Andrew Berardini, in Hinblick auf Wien als Geburtsstadt der Psychoanalyse feststellt: in Elfriede Jelineks *Die Klavierspielerin* wären Freuds Psychoinvestigationen kollabiert, sie wären gleichsam mit Freuds Zeitgenossen Brahms, Bruckner, Mahler und Richard Strauss in sich zusammengefallen. Büchel, so meint Berardini, vollziehe dieselbe Geste in der Bildenden Kunst, indem er das psychisch Verdrängte gerade an einem Ort wie der Secession zum Thema mache. Berardini schreibt: „The problematic Büchel strikes again, capturing with this somewhat morally aggressive gesture the troubled psyche of the elegant capital, doing in his way what Jelinek was cited for by the Nobel commission; they both *‚reveal the absurdity of society's clichés and their subjugating power.'*"[312]

309 Ebd., S.370

310 Kamper, Dietmar: *Horizontwechsel. Die Sonne neu jeden Tag.* München: Wilhelm Fink. 2001, S.48

311 Rosset, Clément: *Short Cuts*. Frankfurt/Main: Zweitausendeins. 2000 (1994, 1997), S.40

312 Berardini, Andrew: „Christoph Büchel's Secessions Sex Club", ArtSlant Los Angeles (gepostet am 01.03.2010), auf: http://www.artslant.com/la/articles/show/14780 (3.4.2010)

VI.4 APPENDIX: „BARRECTUM" (ATELIER VAN LIESHOUT)

VI.4.1 DIE INNENWELT IN DER AUSSENWELT

Im Hof des Museumsquartiers liegt ein überdimensionaler Enddarm. Ein begehbares Kunstwerk des niederländischen Künstlers Joep van Lieshout.[313] Das Innen ist nach Außen gestülpt, als Kunst im öffentlichen Raum greift es um sich, wird als – leicht klassifizierbares – Phänomen bestaunt, diskutiert, reflektiert. Die BeobachterInnen finden problemlos einen Zugang zu dem multifunktionalen Objekt – zumeist von hinten; affektiv, humorvoll, spielerisch.

Das Rektum an und für sich dient der Ausscheidung von Unverdaulichem, von giftigen Substanzen, was dies voraussetzt, ist Privatsphäre und wird, kulturell bedingt, als Intimzone verdeckt gehalten.

Bei „BarRectum"[314] von Van Lieshout handelt es sich um eine Intervention im öffentlichen Raum, um eine Installation mit Funktion, ein Kunstobjekt, dessen Innenraum abends als Bar fungiert. Eingerichtet mit weichen Sitzkissen lädt es dazu ein, es sich im Inneren des Organs gemütlich zu machen und mit einem Drink und einem Snack die eigene Verdauung anzuregen.[315]

„Die Schwelle ist der Platz der Erwartung", schreibt Goethe.[316] Die Öffnung des Verbundstoff-Anus wird zur Schnittstelle von Innen und Außen. Die Innen-Außen-Spannung weckt die Neugier von PassantInnen.[317] Vorbeigehende lachen,

313 Im Rahmen der Reihe OUT SITE zeigte das MUMOK in Kooperation mit dem MuseumsQuartier Wien von 5.3.–2.5.2010 drei teilweise begehbare Skulpturen des von Joep van Lieshout 1995 begründeten niederländischen Künstlerkollektivs Atelier Van Lieshout: „BarRectum" (2005), ein in verschiedenster Weise nutzbarer, überdimensionaler Darmausgang, „BikiniBar" (2006), ein mit einem Bikini bekleideter weiblicher Rumpf, „Darwin" (2008), ein dunkelblaues Spermium. Die „BarRectum" wurde vom MUMOK in Kooperation mit dem Quartier 21 des MuseumsQuartier Wien bespielt, und diente Kreativen als Veranstaltungsort für Events und Kunstprojekte. Das große Spermium „Darwin" fand Verwendung als Info-Point, „BikiniBar" beherbergte eine kleine Ausstellung mit Möbel-Skulpturen (2007–2009), die über Gucklöcher einsehbar war. Bei der „BikiniBar" handelte es sich um einen überlebensgroßen Torso einer Frau mit Bikini. Geköpft und ohne Gliedmaßen, lag die Figur, wie sie der Künstler 2006 geschaffen hat, vor dem Eingang des Museumsquartiers, begleitet lediglich von einer Plattitüde Van Lieshouts: Es handle sich dabei um den „einzigen weiblichen Körper, in den man ohne Erlaubnis eindringen darf". Das Objekt selbst schien im besten Fall ästhetisches Spiel mit dem Kitsch und Versuch der Provokation, im schlechtesten einfach nur Ausdruck einer alternden maskulinen Künstlerposition zu sein.

314 Vom Künstlerkollektiv Van Lieshout auch „ArschBar", „AssholeBar" oder „BarAnus" tituliert.

315 „BarRectum" verfügt über einen 30 m² großen Innenraum und bietet Platz für rund 15 Personen.

316 Goethe, Johann Wolfgang: *Wilhelm Meisters Lehrjahre.* Frankfurt/Main: Deutscher Klassiker Verlag. 1989, S.266

317 Zur Innen-Außen-Spannung vgl. auch: Müller, Matthias C.: „Das Zimmern der Zeit. Essay über

bleiben stehen, stecken neugierig ihre Köpfe in das riesige Loch, um einen Blick ins Innere zu erhaschen, um möglicherweise Einsicht zu gewinnen. Sie starren in die Düsternis des Inneren, als gälte es, seinen eigenen Verdauungstrakt einer prüfenden endoskopischen Untersuchung zu unterziehen.

Die Öffnung gibt, im Gegensatz zum Geburtskanal, den Blick vom vertrauten Außenraum in einen unvertrauten Innenraum frei. Eine Umkehrung des Wechselerlebnisses, wie Sloterdijk es beschreibt, eine Neuerfahrung des Raumwechsels gleichsam, „eine Rückkehr in die Mutterinnenwelt".[318] Die Metapher macht das grottenähnliche Innere des „BarRectum" zur Gebärmutter, zum „privilegierten Ort der Phantasmen".[319]

Das Innending in der Außenwelt generiert Aufmerksamkeit. Das Gebilde, klar umgrenzt, stellt eine unvorhergesehene, überraschende Abwechslung dar. Paare nehmen Posen ein und werden vor dem gigantischen Schließmuskel fotografiert. Sie albern und scherzen. Japanische Touristen zücken ihre Kameras. Kinder tollen herum, klettern auf die Außenhaut des Rektums, johlen erfreut.

BetrachterInnen bestaunen die begehbare Skulptur aus verschiedensten Entfernungen und Blickwinkeln. Sie stellen einen Bezug her und verändern ihre Haltung. In der Bewegung, der Variation ihres Verhältnisses zum Raum, taxieren sie das Objekt, erschließen es und integrieren es phänomenologisch.

Seine Form umhüllt den künstlichen Darm, sie schließt folglich ein Stück Natur mit ein, wie im menschlichen Körper. Der Gegenstand wird somit, einem Gedanken Baudrillards folgend, tatsächlich anthropomorph. Die BetrachterInnen sind mit dem Objekt auf intime Weise wie mit dem Organ ihres eigenen Körpers verbunden. Und „das Inbesitznehmen des Gegenstandes zielt virtuell immer auf die Wiedergewinnung dieser Substanz durch orale Einverleibung und durch ‚Assimilation'."[320]

Das Rektum ist dabei gleichsam konkreter wie metaphorischer Raum. Durch das Sichtbarmachen eines inneren Organs in der Außenwelt, und sein Vergrößern und Begehbarmachen, veräußert Van Lieshout Innenleben, macht es sinnlich erfahrbar und thematisiert die Ästhetik der Skulptur im öffentlichen Raum.

die Selbst-Entstehung durch die Innen-Außen-Spannung", in: Jongen, Marc (Hg.): *Philosophie des Raumes. Standortbestimmungen ästhetischer und politischer Theorie.* München: Wilhelm Fink. 2008, S.35ff.

318 Vgl. Sloterdijk Peter, *Sphären I. Blasen*. Frankfurt/Main: Suhrkamp. 1998, S.280

319 Vgl. Widmer, Peter: *Subversion des Begehrens. Jacques Lacan oder Die zweite Revolution der Psychoanalyse.* Frankfurt/Main: Fischer. 1990, S.86

320 Vgl. Baudrillard, Jean: *Das System der Dinge. Über unser Verhältnis zu den alltäglichen Gegenständen.* Frankfurt/Main: Campus. 1991 (1968), S.39

Das Rektum ist kein „organloser Körper"[321], wie ihn Deleuze/Guattari beschreiben, es ist dessen Reversierung: das körperlose Organ. In Falten gelegtes Transplantat, im Museumsinnenhof zwischengelagert.

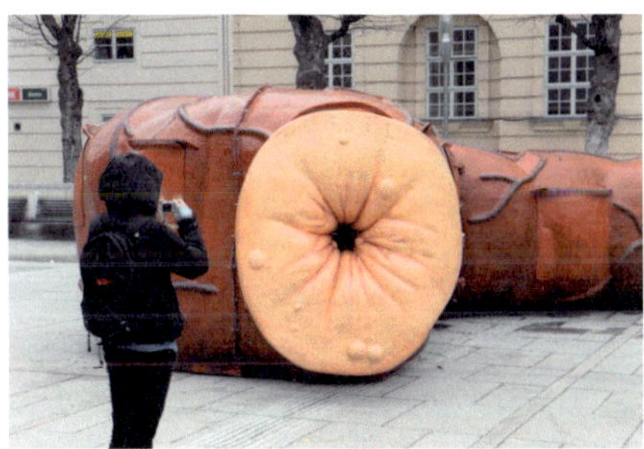
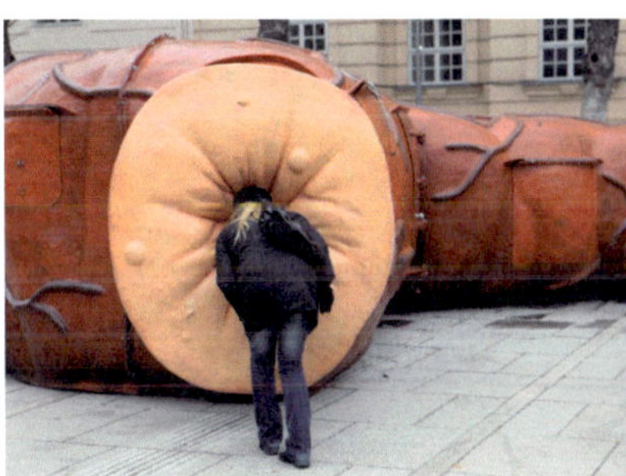

Abb. 19/20
„BarRectum", Atelier Van Lieshout, MuseumsQuartier Wien, 2010
(Foto: Paul Divjak)

VI.4.2 PARTIZIPATION IM ARSCH

Die Größe des Objekts, seine Form und Farbe garantieren Aufmerksamkeit, sie generieren Schauwert. Als physischer Raum verfügt „BarRectum" über einen Eingang, Fenster und ein höhlenartiges Inneres. Als metaphorischer Raum stülpt sich die Installation über die Syntax, und verführt zum Spiel mit Assoziationen von Derbheit bis Diskurs. Im Übergang von Innenraum und Außenraum verweist „BarRectum" auf den Körper der BetrachterInnen und öffnet Assoziations- und Narrationsräume, die vom Hof des Museumsquartiers zum eigenen Organismus, zu Orten des Tabus, in die Medizin oder in die Kunstgeschichte führen.

Im Sinne eines von Menschenhand geschaffenen, umgrenzten Raumes, der in seiner Abgrenzung von seiner Umgebung unterscheidet und über sich hinausweist, wie auch durch seine Funktion als konkreter wie metaphorischer Raum, könnte man bei „BarRectum" im Foucault'schen Sinne von einem *heterotopen Raum* sprechen.[322]

Der Materie gewordene Enddarm setzt sich als integrative Inszenierung mit seiner weithin sichtbaren, quasi als Landmark fungierenden, riesenhaften Rosette

[321] Vgl. Deleuze, Gilles / Guattari, Félix: *Tausend Plateaus: Kapitalismus und Schizophrenie, Bd. 2.* Berlin: Merve. 1992 (1980)

[322] Vgl. Foucault, Michel: „Andere Räume", in: Barck, Karlheinz / Gente, Peter / Paris, Heidi / Richter, Stefan (Hg.): *Aisthesis. Wahrnehmung heute oder Perspektiven einer anderen Ästhetik.* Leipzig: Reclam. 1991 (1990), S.34ff.

von seinem Umfeld ab. Da liegt er und lockt mit einem unbekannten Innenraum. Er weckt Neugierde, adressiert PassantInnen und lädt zur aktiven Nutzung ein, zur Diskussion, zum Verweilen und partizipieren.[323]

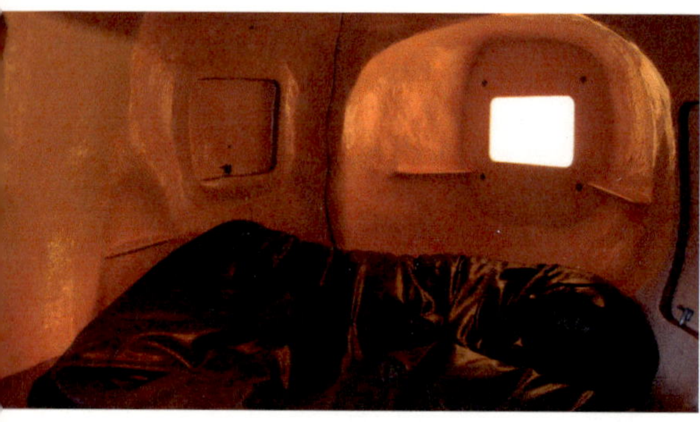

Abb. 21 „BarRectum", Atelier Van Lieshout, MuseumsQuartier Wien, 2010 (Foto: Paul Divjak)

„Etwas in sich aufnehmen und sich in etwas aufnehmen lassen: mit diesen beiden Gesten sichern sich die Menschen das, was man ihre partizipative Kompetenz nennen kann", stellt Peter Sloterdijk fest.[324]

„BarRectum" bietet anlassspezifische Optionen zur Generierung jener Kompetenz. Der Verzehr von Nahrung, die Konsumation von Getränken, sowie das Einverleiben von multimedialen Angeboten (in Wort, Bild und Ton) im Innenraum der Gemeinsamkeit sowie die Interaktion an der Schnittstelle „Arschloch" vereint die Sloterdijk'schen Gesten der AkteurInnen und schafft Freiräume, in denen Körperlichkeit und Konventionen (u.a. hinsichtlich Gefühlen von Ekel und Scham)[325] im öffentlichen Raum auf spielerische Weise verhandelt werden können.

323 Das MUMOK und das MuseumsQuartier haben Kunstschaffende eingeladen, die Skulptur thematisch zu bespielen. Unter anderem fanden Filmscreenings zu Körper, Porno und sinnlichen Grenzerfahrungen, Lesungen (unter dem Titel „Der ganze Karfreitag ist im Arsch" wurde Literatur zum Themenkomplex Reinigung – Purgation – Tod, Auferstehung und Wiedergeburt vorgetragen), Vorträge („Essen, Verdauen, Arschkriechen"), Performances, Installationen und Soundworkshops („Das Rektum tönt") statt.

324 Vgl. Sloterdijk Peter, *Sphären I. Blasen*. Frankfurt/Main: Suhrkamp. 1998, S.533

325 Vgl. diesbezüglich u.a. die Dissertation von Elisabeth Pernlocher-Kügler. Pernlocher-Kügler, Elisabeth: *Körperscham und Ekel – wesentlich menschliche Gefühle*. Münster: LIT Verlag, 2004
Vgl. dazu auch das Kapitel: „Scheiße, Abfall" in: Sloterdijk, Peter: *Kritik der zynischen Vernunft*. Frankfurt/Main: Suhrkamp. 1983, S.288 Sloterdijk schreibt an dieser Stelle: „Als Kinder der Analkultur haben wir alle ein mehr oder weniger gestörtes Verhältnis zur eigenen Scheiße. Die Abspaltung unseres Bewusstseins von der eigenen Scheiße ist die tiefste Ordnungsdressur; sie sagt uns, was verhüllt und privat gesehen werden muß. Die Beziehung, die den Menschen zu ihren eigenen Ausscheidungen eingebleut wird, liefert das Modell für ihren Umgang mit sämtlichen Abfällen ihres Lebens. (...)"

VII. SCHLUSSWORT

Ausgehend von der Bewegung durch das phänomenologische Diskursfeld, samt kursorischer Auseinandersetzung mit philosophischen und kulturwissenschaftlichen Reflexionen zum Thema *Raum*, galt es in Kapitel VI exemplarische Manifestationen der integrativen Inszenierung in Theater, Wissenschaftsvermittlung (im kulturhistorischen Museum) und in der Bildenden Kunst zu verorten.

Als genreübergreifendes Begriffsangebot lässt sich die integrative Inszenierung als Möglichkeit verstehen, die Praxis der Setzung im kulturellen Feld, der Raumorganisation – der Mise-en-Scène des physischen und symbolischen Raumes –, und der Etablierung von dynamischen, prozessorientierten Handlungsoptionen zu bezeichnen.

Die Etablierung eines Dispositivs zur Partizipation, das Interaktion und offene Prozesse ermöglicht, die Kreation eines Raumgefühls, durch die Organisation der Elemente im Raum, und das Definieren des Raumes als Erfahrungs- und Handlungsraum, in dem das Publikum zu aktiv teilnehmenden KoproduzentInnen des Ereignisses von Präsenz wird, wurden mit dem Beispiel des Lovepangs™-Kongresses in der Volksbühne Berlin veranschaulicht.

Die integrative Inszenierung zielt auf eine – temporäre – Überwindung und – im besten Fall – finale Aufhebung klassischer Grenzziehungen (gesellschaftlicher, kultureller u.a.) ab. Das Ausloten neuer, hybrider Aktionsräume und die Inszenierung partizipativer Prozesse zeichnet sie aus, wie anhand des Projekts „museum inside out" im Museum für Volkskunde Wien erläutert wurde.

Den Räumen, Dingen und ihrem Immersionspotenzial gilt die Aufmerksamkeit der integrativen Inszenierung. Das Aufbrechen der „Kultur der Grenzziehung" (Baecker)[326] erfolgt im anthropozentrischen Interesse. Was im Rahmen der integrativen Inszenierung Gestalt annimmt, sind Räume des (Er-)Lebens, Räume, die dazu beitragen, Begegnungen und gemeinsames Gestalten in laborähnlicher Situation zu ermöglichen.

Die Ordnung der integrativen Inszenierung heißt Irritation – Öffnung – Bewegung. Durch Raumkonstruktionen, die mit Konventionen spielen, wird Aufmerksamkeit generiert und mit Wahrnehmungsmustern gespielt. Der Prozess führt zu einem Überwinden der physischen und symbolischen Schwelle. Was entsteht, ist eine Öffnung. Stillstand verwandelt sich in Bewegung, der Körper und seine Beziehung zum Raum werden thematisiert, wie es anhand des Beispiels „BarRectum" als Installation im öffentlichen Raum illustriert wurde.

[326] Baecker, Dirk: *Studien zur nächsten Gesellschaft.* Frankfurt/Main: Suhrkamp. 2007, S.178

Die integrative Inszenierung arbeitet an der Dekonstruktion der „raffinierten Formen der Metakommunikation (Rahmungen, Statusdifferenzen, Beziehungskontrolle, Institutionalisierungen)“[327], Grenzüberschreitungen und Erkenntnisgewinn durch intensive, mitunter befremdende Erfahrung sind als Angebot zu verstehen und als Programm zu verorten. Das Evozieren von Befremden im Kontext der integrativen Inszenierungen könnte gleichsam als Mittel der individuellen und gesellschaftlichen Entfremdung, wie sie Rahel Jaeggi[328] beschreibt, entgegenzuwirken, gelesen werden.

Die integrative Inszenierung bietet eine Möglichkeiten, den Wert von Interaktion und Partizipation als kritisches Instrument zu erkennen, die Funktionsweise sowie den Wandel von kulturellen Formen, die Verhältnisse von Produktion und Rezeption und *historische Berechtigungen* von Verteilungen zu befragen, so dass im Sinne Robert Pfallers die Einbeziehung der Betrachter dazu dienen kann, „sie hellsichtig und alert werden zu lassen gerade gegenüber den *gleichgearteten* Versuchen ihrer Einbeziehung *in die Gesellschaft*“.[329]

In ihren Erscheinungsformen erzeugen die integrativen Inszenierungen assoziative Ströme von Bedeutungen. Sie ermöglichen ein *anderes* Erleben. Wie der *Dialograum*, den Paolo Bianchi als atmosphärisches Display beschreibt, ermöglichen sie aktives Eingreifen und setzen auf die Verführung zum „Probehandeln“ sowie auf die Transformation von Situationen. Möglichst frei von hierarchisierten Beziehungen wird im Rahmen der integrativen Inszenierung interaktives, *prozessuales Agieren* aller Beteiligten gefördert.[330] Dabei ist die Zusammenführung von sinnlicher Präsenz und Diskursivität ein wesentliches Merkmal der *hybriden Lebensraumsphären*, die die integrativen Inszenierungen schaffen. Die *Lebensraumsphären* sind dadurch ausgezeichnet, dass sie die Unmittelbarkeit der taktil-kinästhetischen Erfahrung und als diskursive Freiräume nicht zuletzt das „produktive Missverstehen“[331] fördern.

[327] Baecker, Dirk: *Studien zur nächsten Gesellschaft.* Frankfurt/Main: Suhrkamp. 2007, S.180

[328] Vgl. Jaeggi, Rahel: *Entfremdung. Zur Aktualität eines sozialphilosophischen Problems.* Frankfurt/Main: Campus. 2005

[329] Pfaller, Robert: *Ästhetik der Interpassivität.* Hamburg: Fundus, Philo Fine Arts. 2009, S.321

[330] Vgl. Bianchi, Paolo: „Die Ausstellung als Dialograum. Panorama atmosphärischer Gestaltungsmöglichkeiten von Displays“, in: *Kunstforum International,* Bd. 186, 2007, S.82ff.

[331] Vgl. Sigrid Schade und Dorothee Richter, die als eine Konsequenz ihres interdisziplinären Forschungsprojekts zu innovativen Ausstellungs-Displays an der HGKZ (der nunmehrigen ZHdK, Zürich) die Forderung nach „einer Diversifikation, die Bildpolitiken und Repräsentationsfunktionen für unterschiedliche Publika ermöglicht, Freiräume für Verhandlungen und Diskursräume für noch nicht fixiert, bzw. noch nicht hierarchisierte Beziehungen herstellt und produktives Missverstehen fördert“ stellen. – Vgl. Schade, Sigrid / Richter, Dorothee: „Ausstellungs-Displays. Reflexionen zu einem Zürcher Forschungsprojekt“, in: *Kunstforum International,* Bd. 186, 2007, S.57ff. (Zit. S.63)

Die integrativen Inszenierungen etablieren interdisziplinäre Versuchsräume von Gesellschaftsutopien[332], in denen an transgressiven, raumdramaturgischen, nutzerInnenspezifischen Reorganisationsversuchen gearbeitet werden kann. Reorganisationsversuche, die, wie Vilém Flusser feststellt, von Generalisation und einem Näherrücken in Anerkennung geprägt sind und „eine Vielzahl von ineinandergreifenden, sich im Raum und in der Zeit verschiebenden grauen Zonen zu öffnen haben, innerhalb welcher die Spezialisten der einzelnen Sphären gemeinsam Informationen schaffen, speichern und verteilen (...)“.[333]

Dergestalt halten sie dem extensiven und intensiven „Prozess der Banalisierung“ des Raumes (Debord)[334] die konstruktive Gestaltungskraft des Miteinanders der UniversalistInnen entgegen, für die, um mit André Gorz zu sprechen, „Intelligenz und Phantasie (der *general intellect*) zur Hauptproduktivkraft werden“[335] und die den Raum, einem Gedanken von Martina Löw folgend, in den Handlungsverlauf integrieren und als *dynamisches Gebilde*[336] begreifen. – Die (Re-)Konstruktion des Ideals der *Autonomie und der Qualität der Orte* ist Perspektive am Horizont.

332 Die Argumentation nimmt einen Gedanken von Monika Sommer auf, die für ein Museum als politischer Ort, als Handlungsraum der Partizipation und Interaktion, für ein Museum als „Störfaktor“ und als „Versuchsraum von Gesellschaftsutopien“ das Wort ergreift. Vgl. Sommer, Monika: „(Kultur) historische Museen als gegenwartsrelevante Diskursräume“, in: Martinz-Turek, Charlotte / Sommer, Monika (schnittpunkt) (Hg.): *Storyline. Narrationen im Museum.* Wien: Turia + Kant. 2009, S.87

333 Vgl. Flusser, Vilém: „Räume“, in: Dünne, Jörg / Günzel, Stephan (Hg.): *Raumtheorie. Grundlagentexte aus Philosophie und Kulturwissenschaften*. Frankfurt/Main: Suhrkamp. 2006, S.284

334 Vgl. Debord, Guy: *Die Gesellschaft des Spektakels*. Berlin: Bitterman. 1996, S.145

335 Gorz, André: *Arbeit zwischen Misere und Utopie*. Frankfurt/Main: Suhrkamp. 2000, S.120

336 Vgl. Löw, Martina: *Raumsoziologie*. Frankfurt/Main: Suhrkamp. 2001, S.13

VIII. BIBLIOGRAFIE

ADORNO, Theodor W.: „Funktionalismus heute" (1965), in: *Ohne Leitbild. Parva Aesthetica.* Frankfurt/Main: Suhrkamp. 1968, S.104-127

AGAMBEN, Giorgio: *Kindheit und Geschichte.* Frankfurt/Main: Suhrkamp. 2004 (1978)

ANONYM: „Die Welt als Labyrinth", in: *Situationistische Internationale 1976.* Bd.1, http://www.si-revue.de/die-welt-als-labyrinth (4.4.2010)

ANONYM: „Sex-Kultur: Swingerclub zieht in die Secession", in: *Die Presse,* 22.2.2010, http://diepresse.com/home/kultur/kunst/541510/index.do (7.3.2010)

ARISTOTELES: *Nikomachische Ethik.* Stuttgart: Reclam. 2003

ASSMANN, Jan: *Das kulturelle Gedächtnis. Schrift, Erinnerung und politische Identität in frühen Hochkulturen.* München: Beck. 1999

ATTALI, Jacques: *Wege durch das Labyrinth.* Hamburg: Europäische Verlagsanstalt. 1999

AUENHAMMER, Gregor: „Plädoyer zur Wachsamkeit. Vom politischen Auftrag und der enden wollenden Freiheit der Kunst", in: *Der Standard,* Sa./So. 20./21.3.2010

AUGÉ, Marc: *Orte und Nicht-Orte. Vorüberlegungen zu einer Ethnologie der Einsamkeit.* Frankfurt/ Main: Fischer. 1994

BACHELARD, Gaston: *Poetik des Raumes.* Frankfurt/Main: Fischer. 1987

BAECKER, Dirk: *Studien zur nächsten Gesellschaft.* Frankfurt/Main: Suhrkamp. 2007

BAECKER, Dirk: *Postheroisches Management.* Berlin: Merve. 1994

BAECKER, Dirk: „Soziale Hilfe als Funktionssystem der Gesellschaft", in: *Zeitschrift für Soziologie 23.* 1994, S.93-110

BAECKER, Dirk: *Theater der Gesellschaft am Standort Berlin. Denkschrift im Auftrag des Theaters Hebbel am Ufer.* Berlin: Hebbel Theater. 2003

BAHTSETZIS, Sotirios: *Geschichte der Installation. Situative Erfahrungsgestaltung in der Kunst der Moderne.* Dissertation, TU-Berlin. 2005

BAIER, Simon: „Installation als Form", in: Jongen, Marc (Hg.): *Philosophie des Raumes. Standortbestimmungen ästhetischer und politischer Theorie.* München: Wilhelm Fink. 2008, S. 12–139

BARTHES, Roland: *Die Lust am Text.* Frankfurt/Main: Suhrkamp. 1974

BARTHES, Roland: *Fragmente einer Sprache der Liebe.* Frankfurt/Main: Suhrkamp. 1988

BAUDRILLARD, Jean: *Das System der Dinge. Über unser Verhältnis zu den alltäglichen Gegenständen.* Frankfurt/Main: Campus. 1991

BAUMAN, Zygmunt. *Flüchtige Moderne.* Frankfurt/Main: Suhrkamp. 2003

BAUMAN, Zygmunt. *Verworfenes Leben. Die Ausgegrenzten der Moderne.* Hamburg: Hamburger Edition. 2005

BECK, Ulrich: „Was meint ‚eigenes Leben'?", in: Beck, Ulrich / Vossenkuhl, Wilhelm / Erdmann Ziegler, Ulf (Hg.): *Eigenes Leben. Ausflüge in die unbekannte Gesellschaft, in der wir leben.* München: C.H. Beck. 1995

BECKER, Jürgen / Vostell, Wolf: *Happenings, Fluxus, Pop Art, Nouveau Réalisme. Eine Dokumentation.* Reinbek: Rowohlt. 1965

BEITL, Matthias: „museum_inside_out. Ein museologischer Laborversuch", in: *Österreichische Zeitschrift für Volkskunde,* Band LXII/111, Wien. 2008, S.145–156

BELTING, Hans: „Orte der Reflexion oder Orte der Sensation?", in: Noever, Peter (Hg.): *Das Diskursive Museum.* Ostfildern-Ruit: Hatje Cantz. 2001, S. 82–94

BENJAMIN, Walter: *Das Passagen Werk. Gesammelte Schriften (Bd.5).* Frankfurt/Main: Suhrkamp. 1991

BENNETT, Tony: *The Birth of the Museum. History, Theory, Politics.* London/NY: Routledge. 1995

BERARDINI, Andrew: „Christoph Büchel's Secessions Sex Club", *ArtSlant,* Los Angeles (gepostet am 01.03.2010), http://www.artslant.com/la/articles/show/14780 (3.4.2010)

BEREZIN, Mabel: „Secure States: Towards a Political Sociology of Emotion", in: Barbalet, Jack (Hg.): *Emotions and Sociology.* Oxford: Blackwell. 2002

BHABHA, Homi K.: *Die Verortung der Kultur.* Tübingen: Stauffenburg Verlag, 2000

BIANCHI, Paolo: „Die Ausstellung als Dialograum. Panorama atmosphärischer Gestaltungsmöglichkeiten von Displays", in: Bianchi, Paolo (Hg.): *Das Neue Ausstellen – Kunstforum International,* Bd. 186, Ruppichteroth. 2007, S.82–101

BIANCHI, Paolo: „Christoph Büchel – Müll triggert Ideen", in: Bianchi, Paolo (Hg.): *Müllkunst – Kunstforum International,* Bd. 168, Ruppichteroth. 2004, S.67–75

BIANCHI, Paolo: „Müll – Der Schatten der Kunst", in: Bianchi, Paolo (Hg.): *Müllkunst – Kunst forum International,* Bd. 168, Ruppichteroth. 2004, S.35–45

BIANCHI, Paolo: „Theorien des Abfalls", in: Bianchi, Paolo (Hg.): *Theorien des Abfalls – Kunstforum International,* Bd. 167, Ruppichteroth. 2003, S.32f.

BINSWANGER, Ludwig: „Das Raumproblem in der Psychopathologie", in: Ders.: *Ausgewählte Vorträge und Aufsätze,* 2. Bd., Bern: Francke. 1955. S.174ff.

BISANZ-PRAKKEN, Marian: „Der Beethovenfries von Gustav Klimt und die Wiener Secession", in: *Gustav Klimt – Beethovenfries.* Wien: Secession. 2002

BISHOP, Claire: *Participation.* London: Whitechapel; Cambridge, Mass: MIT Press. 2006

BISHOP, Claire: *Installation Art. A Critical History.* London: Tate Publishing. 2005

BISHOP, Claire: „Antagonism and Relational Aesthetics", in: *October,* Fall 2004, Nr. 110, S.51-79

BLOM, Philipp: *Sammelwunder, Sammelwahn. Szenen aus der Geschichte einer Leidenschaft.* Frankfurt/ Main: Eichborn. 2004

BOHN, Ralf / Wilharm, Heiner (Hg.): *Inszenierung und Ereignis. Beiträge zur Theorie und Praxis der Szenografie.* Bielefeld: Transcript. 2009

BOLLNOW, Otto Friedrich: *Mensch und Raum.* Stuttgart/Berlin/Köln: Kohlhammer. 2000 (1963)

BOLLNOW, Otto Friedrich: „Der erlebte Raum", http://www.otto-friedrich-bollnow.de/doc/ErlebterRaumA.pdf, S. 16 (1956) (5.3.2010)

BOLLNOW, Otto Friedrich: „Der Mensch und der Raum", http://www.otto-friedrich-bollnow.de/doc/MenschundRaum.pdf, S. 9 (1963) (5.3.2010)

BOURDIEU, Pierre: „Über einige Eigenschaften von Feldern", in: Bourdieu, Pierre: *Soziologische Fragen.* Frankfurt/Main: Suhrkamp. 1993

BOURDIEU, Pierre: *Über das Fernsehen.* Frankfurt/Main: Suhrkamp. 1998 (1996)

BOURRIAUD, Nicolas: *Relational Aesthetics.* Paris: les presses du réel. 2002

BÖHME, Gernot: *Atmosphären. Essays zur neuen Ästhetik.* Frankfurt/Main: Suhrkamp. 1995

BREJZEK, Thea / Von der Haegen, Gesa / Wallen, Lawrence: „Szenografie", in: Günzel, Stephan (Hg.): *Raumwissenschaften.* Frankfurt/Main: Suhrkamp. 2009, S.370–385

BROCK, Bazon: „Gott und Müll – Museen sind Schöpfer von Zeit", in: Noever, Peter (Hg.): *Das Diskursive Museum.* Ostfildern-Ruit: Hatje Cantz. 2001, S.25–31

BRUCKNER, Pascal: *Ich leide also bin ich. Die Krankheit der Moderne.* Berlin: Aufbau. 1997

BUYTENDIJK, F.J.J.: „Über die gelebte Wirklichkeit des Atmosphärischen". In: Tellenbach, Hubert: *Geschmack und Atmosphäre.* Salzburg: Otto Müller Verlag. 1968, S.7–10

BÜSCHER, Barbara: „Theater und elektronische Medien. Intermediale Praktiken in den siebziger und achtziger Jahren. Zeitgenössische Fragestellungen für die Theaterwissenschaft", in: Fischer-Lichte, Erika / Greisenegger, Wolfgang / Lehmann, Hans-Thies (Hg.): *Arbeitsfelder der Theaterwissenschaft.* Tübingen: Gunter Narr Verlag. 1994, S.193–210

CSÁKY, Moritz / Leitgeb, Christoph: „Kommunikation – Gedächtnis – Raum: Orientierung im *spatial turn* der Kulturwissenschaften", in: Csáky, Moritz / Leitgeb, Christoph (Hg.): *Kommunikation – Gedächtnis – Raum. Kulturwissenschaften nach dem „Spatial Turn".* Bielefeld: Transcript. 2009, S.7–10

CLIFFORD, James: *Routes: Travel and Translation in the Twentieth Century.* Cambridge, MA: Harvard University Press. 1997

DAUVÉ, Gilles: „Kritik der Situationistischen Internationale", in: Ohrt, Roberto: *Das grosse Spiel. Die Situationisten zwischen Politik und Kunst.* Hamburg: Nautilus. 2000 (1999)

DAWKINS, Richard: *Das egoistische Gen.* Reinbek/Hamburg: Rowohlt. 1996.

DEBORD, Guy: *Die Gesellschaft des Spektakels.* Berlin: Bittermann. 1996

DE CERTEAU, Michel: *Kunst des Handelns.* Berlin: Merve. 1998

DELEUZE, Gilles. *Unterhandlungen 1972–1990.* Frankfurt/Main: Suhrkamp, 1993

DELEUZE, Gilles, Guattari, Félix: *Tausend Plateaus: Kapitalismus und Schizophrenie,* Bd. 2. Berlin: Merve. 1992

DERRIDA, Jacques: „Am Nullpunkt der Verrücktheit – Jetzt die Architektur", in: Welsch, Wolfgang (Hg.): *Wege aus der Moderne,* Weinheim: VGA. 1988, S.215–232

DIDI-HUBERMAN, Georges: „Supposition der Aura. Vom Jetzt, dem Gewesenen und der Moderne", in: Flügge, Matthias / Kudielka, Robert / Lammert, Angela (Hg.): *Raum. Orte der Kunst.* Nürnberg: Akademie der Künste, Berlin/Verlag für moderne Kunst. 2007, S.70–82

DIEZ, Georg, „Kolik der Gefühle", in: *Süddeutsche Zeitung,* 19.2.2001

DÜCHTING, Susanne: „Labyrinthe: Vom Wahrnehmen der Wahrnehmung am Beispiel der Räume von Christoph Büchel und Gregor Schneider", in: Schuhmacher-Chilla, Doris (Hg.): *Im Banne der Ungewissheit.* Oberhausen: Athena. 2004, S.239–259

DÜNNE, Jörg / Günzel, Stephan (Hg.): *Raumtheorie. Grundlagentexte aus Philosophie und Kulturwissenschaften.* Frankfurt/Main: Suhrkamp. 2006

ECO, Umberto: *Im Labyrinth der Vernunft. Texte über Kunst und Zeichen.* Leipzig: Reclam. 1990

ERNST, Wolfgang: *Das Rumoren der Archive. Ordnung aus Unordnung.* Berlin: Merve. 2002

FEHR, Michael: „Historische Erfahrung als ästhetische Reflexion", in: Hemken, Kai-Uwe (Hg.): *Gedächtnisbilder. Vergessen und Erinnern in der Gegenwartskunst.* Leipzig: Reclam. 1996, S.292–306

FÉRAL, Josette / Bermingham, Ronald P.: „Theatricality: The Specificity of Theatrical Language“, in: *Substance, 31.* 2002, S.94–108

FEYERABEND, Paul: *Erkenntnis für freie Menschen.* Frankfurt/Main: Suhrkamp. 1980

FIESSER, Lutz: *Raum für Zeit. Quellentexte zur Pädagogik der interaktiven Science-Zentren.* Flensburg: Signet. 2000

FINTER, Helga: *Der subjektive Raum. Bd.2: ... der Ort, wo das Denken seinen Körper finden soll: Antonin Artaud und die Utopie des Theaters.* Tübingen: Narr. 1990

FISCHER-LICHTE, Erika: *Ästhetik des Performativen.* Frankfurt/Main: Suhrkamp. 2004

FISCHER-LICHTE, Erika: *Grenzgänge.* Stuttgart: UTB. 1998

FISCHER-LICHTE, Erika: *Die Semiotik des Theaters.* Tübingen: Gunter Narr Verlag. 1998 (1983)

FISCHER-LICHTE, Erika / Roselt, Jens: „Attraktion des Augenblicks – Aufführung, Performance, performativ und Performativität als theaterwissenschaftliche Begriffe“, in: Fischer-Lichte, Erika / Wulf, Christoph: *Theorien des Performativen. Paragrana. Internationale Zeitschrift für Historische Anthropologie.* Berlin: Akademie Verlag. 2001, S.237–254

FLUSSER, Vilém: *Kommunikologie.* Frankfurt/Main: S.Fischer. 2003

FLUSSER, Vilém: *Medienkultur.* Frankfurt/Main: Fischer. 1997

FLUSSER, Vilém: „Räume“, in: Dünne, Jörg / Günzel, Stephan (Hg.): *Raumtheorie. Grundlagentexte aus Philosophie und Kulturwissenschaften.* Frankfurt/Main: Suhrkamp. 2006, S.274–284

FOSTER, Hal: „Die Crux des Minimalismus“, in: Stemmrich, Gregor: *Minimal Art eine kritische Retrospektive.* Dresden/Basel: Verlag der Kunst. 1995, S.589–633

FOUCAULT, Michel: „Andere Räume“, in: Barck, Karlheinz / Gente, Peter / Paris, Heidi / Richter, Stefan (Hg.): *Aisthesis. Wahrnehmung heute oder Perspektiven einer anderen Ästhetik.* Leipzig: Reclam. 1991 (1990), S.34–46

FOX, Dan: „Christoph Büchel“, in: *Frieze,* London. Mai 2007

FRANCK, Georg: *Ökonomie der Aufmerksamkeit.* München. Wien. Hanser. 1998

FRANKE, Ursula: „Nach Hegel. Zur Differenz von Ästhetik und Kunstwissenschaft(en)“, in: Fruchtl, Josef / Moog-Grünewald, Maria: *Ästhetik in metaphysikkritischen Zeiten: 100 Jahre ‚Zeitschrift für Ästhetik und Allgemeine Kunstwissenschaft‘.* Hamburg: Felix Meiner Verlag. 2007, S.73–91

FREEMAN, Tzvi (Hg.): *Den Himmel auf Erden bringen. Die Weisheit des Rabbi Schneerson aus New York.* Bern/München/Wien: O.W. Barth. 1999

GADAMER, Hans Georg: *Wahrheit und Methode. Grundzüge einer philosophischen Hermeneutik* Tübingen: Mohr. 1990

GIDDENS, Anthony: *Jenseits von Links und Rechts. Die Zukunft radikaler Demokratie.* Frankfurt/Main: Suhrkamp. 1994

GIEDION, Sigfried: *Raum, Zeit, Architektur. Die Entstehung einer neuen Tradition.* Ravensburg: Maier. 1965

GIEDION, Sigfried: „Das Bauhaus und seine Zeit“, in: *Baukunst und Wohnform* 2, 1962

GLASERSFELD, Ernst von: *Über Grenzen des Begreifens.* Bern: Benteli. 1996

GLAUS, Daniel: „Steuergelder für Wiener Sexspiele“, in: *Die Weltwoche,* 9/10, 3.3.2010, http://www.weltwoche.ch/ausgaben/2010-09/artikel-2010-09-kulturfoerderung-steuergelder-fuer-wiener-sexspiele.html (6.7.2010)

GOETHE, Johann Wolfgang: *Wilhelm Meisters Lehrjahre.* Frankfurt/Main: Deutscher Klassiker Verlag. 1989

GOFFMAN, Erving: *Rahmen-Analyse. Ein Versuch über die Organisation von Alltagserfahrungen.* Frankfurt/Main: Suhrkamp. 1977

GOLDBERG, RoseLee: *Performance – Live Art Since The 60s.* London: Thames & Hudson. 1988

GORZ, André: *Arbeit zwischen Misere und Utopie.* Frankfurt/Main: Suhrkamp. 2000

GRAULICH, Gerhard: *Die leibliche Selbsterfahrung des Rezipienten – ein Thema transmodernen Kunstwollens.* Essen: Die blaue Eule. 1989

GROSSKLAUS, Götz: *Medien-Zeit, Medien-Raum. Zum Wandel der raumzeitlichen Wahrnehmung in der Moderne.* Frankfurt/Main: Suhrkamp. 1995

GROTHE, Nicole: *InnenStadtAktion. Kunst oder Politik? Künstlerische Praxis in der neoliberalen Stadt.* Bielefeld: Transcript. 2005

GROTOWSKI, Jerzy: „Plädoyer für ein armes Theater", in: *Theater heute,* 9, 1968

GROTOWSKI, Jerzy: *Für ein armes Theater. Berlin:* Alexander Verlag, 1993

GROYS, Boris: *Topologie der Kunst.* München: Hanser. 2003

GROYS, Boris: *Über das Neue. Versuch einer Kulturökonomie.* München/Wien: Hanser. 1992

GRUŠA, Jiří: „Eine gewisse kreative Zeit" (Im Gespräch mit Paul Divjak), in: Sonderausgabe: *Wiener Zeitung – Prag 1968. Heinz Hosch.* 2008, S.2–3

GUMBRECHT, Hans Ullrich, in: Früchtl, Josef / Zimmermann, Jörg (Hg.): *Ästhetik der Inszenierung. Dimensionen eines künstlerischen, kulturellen und gesellschaftlichen Phänomens.* Frankfurt/Main: Suhrkamp. 2001, S.73–76

HALBWACHS, Maurice: *Das Gedächtnis und seine sozialen Bedingungen.* Frankfurt/Main: Fischer. 1985

HANNAH, Dorita: *Performance Design.* Kopenhagen: Museum Tusculanum Press. 2008

HEIDEGGER, Martin: „Die Zeit des Weltbildes" (1938), in: Heidegger, Martin: *Holzwege.* Frankfurt/Main: Klostermann. 1994

HEIDEGGER, Martin: „Bauen – Wohnen – Denken" (1951): in: *Vorträge und Aufsätze, Teil 2.* Pfullingen: Neske. 1967, S.139–156

HEINRICHS, Johannes: *Reflexionstheoretische Semiotik, Teil 1: Handlungstheorie. Strukturalsemantische Grammatik des Handelns.* Bonn: Bouvier Verlag. 1980

HERRMANN, Max: „Das theatralische Raumerlebnis", ursprünglich erschienen in: Beilagenheft zur *Zeitschrift für Ästhetik und Allgemeine Kunstwissenschaft* 25. 1931, S. 152ff. Wiederveröffentlicht in: Dünne, Jörg / Günzel Stephan (Hg.): *Raumtheorie. Grundlagentexte aus Philosophie und Kulturwissenschaften.* Frankfurt/Main: Suhrkamp. 2006, S.501–514

HOFFMANN, Hilmar: *Kultur für alle. Perspektiven und Modelle.* Frankfurt/Main: Fischer. 1979

HOFFMANN, Justin: „God is a Curator", in: Tannert, Christoph / Tischler, Ute (Hg.): *Men in Black. Handbuch der kuratorischen Praxis.* Künstlerhaus Bethanien, Berlin. Frankfurt/Main: Revolver. 2004, S.111–117

HOFMANN, Werner: „Spielräume und Raumverstecke": Flügge, Matthias / Kudielka, Robert / Lammert, Angela (Hg.): *Raum. Orte der Kunst.* Nürnberg: Akademie der Künste Berlin/Verlag für moderne Kunst. 2007, S.10–22

HUBER, Dieter: *Kunst als soziale Konstruktion.* München: Wilhelm Fink. 2007

IDEN, Peter (Hg.): *Warum wir das Theater brauchen.* Frankfurt/Main: Suhrkamp. 1995

JAEGGI, Rahel: *Entfremdung. Zur Aktualität eines sozialphilosophischen Problems.* Frankfurt/Main: Campus. 2005

JAMESON, Frederic: „Postmoderne – zur Logik der Kultur im Spätkapitalismus", in: Huyssen, Andreas / Scherpe, Klaus R. (Hg.): *Postmoderne, Zeichen eines kulturellen Wandels.* Reinbek: Rowohlt. 1986, S.45–102

JASCHKE, Beatrice / Martinz-Turek, Charlotte / Sternfeld, Nora (schnittpunkt) (Hg.): *Wer spricht? Autorität und Autorschaft in Ausstellungen.* Wien: Turia + Kant. 2005

KABAKOV, Ilya, Groys, Boris: *Die Kunst des Fliehens.* München: Hanser. 1991

KABAKOV, Ilya: *Über die totale Installation.* Ostfildern: Cantz. 1995

KAMPER, Dietmar: *Horizontwechsel.* München: Wilhelm Fink Verlag. 2001

KANT, Emanuel: „Von dem ersten Grunde des Unterschieds der Gegenden im Raume", in: *Vorkritische Schriften bis 1768. Werkausgabe Bd.2,* hg. von Wilhelm Weischeider. Frankfurt/Main: Suhrkamp. 1986

KAPROW, Allan: „Excerpts from ‚Assemblages, Environments & Happenings'" (1966), in: Sandford R., Marielle (Hg.): *Happenings and other Acts.* London, New York: Routledge. 1995, S.235–245

KARGER, Reinhard: „stop telling stories. Zur Entwicklung nicht-narrativer Strukturen im deutschsprachigen Musiktheater – ein Rückblick auf das 20.te Jahrhundert", http://www.reinhard-karger.de/texte_3.htm (6.4.2010)

KAUFMANN, Vincent: *Guy Debord. La révolution au service de la poésie.* Paris: Fayard, 2001

KLEIN, Alexander: „Das Wohnen bei den Dingen. Inszenierung als gestellte Wirklichkeit in Kultur- und Naturhistorischen Ausstellungen", in: *Das Neue Ausstellen – Kunstforum International,* Bd. 186, Ruppichteroth. 2007, S.171–179

KLUGE, Alexander: *Der Angriff der Gegenwart auf die übrige Zeit.* Frankfurt/Main: Syndikat Autoren. 1985

KONEFFKE, Silke: *Theater Raum. Visionen und Projekte von Theaterleuten und Architekten zum anderen Aufführungsort 1900–1980.* Berlin: Reimer. 1999

KORFF, Gottfried: *Museumsdinge deponieren – exponieren.* Köln, Weimar, Wien: Böhlau. 2002

KÖR – Kunst im öffentlichen Raum GmbH, Kunsthalle Wien; Leidl, Bettina, Matt, Gerald (Hg.): *Wem gehört die Stadt? Wien – Kunst im öffentlichen Raum seit 1968.* Nürnberg: Verlag für moderne Kunst. 2009

KRAUS, Dorothea: *Theater-Proteste. Zur Politisierung von Straße und Bühne in den 1960er Jahren.* Frankfurt/Main: Campus. 2007

KRAVAGNA, Christian: „Konserven des Kolonialismus: Die Welt im Museum", in: Kazeem, Belinda / Martinz-Turek, Charlotte / Sternfeld, Nora (Hg.): *Das Unbehagen im Museum. Postkoloniale Museologien.* Turia + Kant. 2009, S.131–142

KUBIK, Gerhard: „‚Floating' – eine ethnopsychoanalytische Feldforschungstechnik", in: Timm, Elisabeth / Katschnig-Fasch, Elisabeth (Hg.): *Kulturanalyse – Psychoanalyse – Sozialforschung. Positionen, Verbindungen und Perspektiven* (Buchreihe der Österreichischen Zeitschrift für Volkskunde, Bd. 21). Wien: Österreichisches Museum für Volkskunde. 2007, S.249–268

KUGLER, Lieselotte: „Museum", in: Deutschland Radio Berlin (Hg.): *Kulturverschwörung. Kulturinstitutionen auf dem Prüfstand für die Zukunft.* Frankfurt/Main: Suhrkamp. 2002

KUHLBRODT, Detlef: „Es ist schön, wenn es wehtut", in: *TAZ*, Berlin. 19. Februar 2001, S.23

KWON, Miwon: *One Place After Another: Site Specific Art and Locational Identity.* Cambridge, MA. London: MIT Press. 2002

LAUMANN, Markus: *Das Museum als Vierter Ort.* Wien: Universität für angewandte Kunst, Master Thesis. 2008

LEFEBVRE, Henri: *The Production of Space.* Malden, MA: Blackwell. 2007

LEHMANN, Hans-Thies: *Postdramatisches Theater.* Frankfurt/Main: Verlag der Autoren. 1999

LEWITZKY, Uwe: *Kunst für alle? Kunst im öffentlichen Raum zwischen Partizipation, Intervention und neuer Urbanität.* Bielefeld: Transcript. 2005

LINDNER, Rainer: „Osteuropäische Geschichte als Kulturgeschichte", http://www.vifaost.de/texte-materialien/digitale-reihen/handbuch/handb-kult-gesch/ (6.3.2010)

LISCHKA, Gerhard Johann: *Schnittstellen. Das Postmoderne Weltbild.* Bern: Benteli. 1997

LOSSAU, Julia: „Räume von Bedeutung. Spatial Turn, cultural turn und Kulturgeographie", in: Csáky, Moritz / Leitgeb, Christoph (Hg.): *Kommunikation – Gedächtnis – Raum. Kulturwissenschaften nach dem spatial turn.* Bielefeld: Transcript. 2009, S.29–43

LÖW, Martina: *Raumsoziologie.* Frankfurt/Main: Suhrkamp. 2007

LUHMANN, Niklas: *Die Kunst der Gesellschaft.* Frankfurt/Main: Suhrkamp. 1997

LUHMANN, Niklas: *Die Gesellschaft der Gesellschaft.* Frankfurt/Main: Suhrkamp. 1997

MALRAUX, André: *Das imaginäre Museum.* Baden Baden: Klein. 1949

MARSCHALL, Brigitte: „Öffentlicher Raum als theatraler Raum: Praktiken des Gehens und Strategien der Stadtnutzung", in: Bohn, Ralf / Wilharm, Heiner (Hg.): *Inszenierung und Ereignis. Beiträge zur Theorie und Praxis der Szenografie.* Bielefeld: Transcript. 2009, S.171–188

MARTINZ-TUREK, Charlotte: *Storyline. Narrationen im Museum.* Wien: Turia + Kant, 2009

MATTL, Siegfried: „Texte sehen. Bilder lesen", in: Fliedl, Gottfried / Muttenthaler, Roswitha / Posch, Herbert (Hg.): *Wie zu sehen ist. Essays zur Theorie des Ausstellens.* Wien: Turia + Kant. 1995, S.13–26

MERLEAU-PONTY, Maurice (1961): „Das Auge und der Geist"; in: Dünne, Jörg / Günzel, Stephan (Hg.): *Raumtheorie. Grundlagentexte aus Philosophie und Kulturwissenschaften.* Frankfurt/Main: Suhrkamp. 2006, S.180–192

MEURER, Bernd: *Die Zukunft des Raums.* Frankfurt/Main: Campus. 1994

MEYER, Petra Maria: „Der Raum, der Dir einwohnt", in: Bohn, Ralf / Wilharm, Heiner (Hg.): *Inszenierung und Ereignis. Beiträge zur Theorie und Praxis der Szenografie.* Bielefeld: Transcript. 2009, S.105–134

MIKUNDA, Christian: *Marketing spüren: Willkommen am Dritten Ort.* Heidelberg: Redline Wirtschaft. 2007

MIKUNDA, Christian: *Der verbotene Ort oder die inszenierte Verführung: Unwiderstehliches Marketing durch strategische Dramaturgie.* Frankfurt: Redline Wirtschaft. 2005

MÖNTMANN, Nina: *Kunst als sozialer Raum.* Köln: Walther König. 2002

MÖRSCH, Carmen: *Kunstvermittlung. Zwischen kritischer Praxis und Dienstleistung auf der documenta 12,* Bd. 1 +2, diaphanes. 2009

MÜLLER, Gini: *Possen des Performativen. Theater. Aktivismus und queere Politiken.* Wien: Turia Kant. 2008

MÜLLER, Jeanette Hedwig: *Vertrauen und Kreativität. Zur Bedeutung von Vertrauen für diversive AkteurInnen in Innovationsnetzwerken.* Wien: Peter Lang. 2009

MÜLLER, Jeanette: „Beziehungsberater: Kummer macht klug", im Interview mit Müller, Kai, in: *Der Tagesspiegel,* 16.2.2001, S.28

MÜLLER, Matthias C.: „Das Zimmern der Zeit. Essay über die Selbst-Entstehung durch die Innen-Außen-Spannung", in: Jongen, Marc (Hg.): *Philosophie des Raumes. Standortbestimmungen ästhetischer und politischer Theorie.* München: Wilhelm Fink. 2008, S.35–58

NECKEL, Sighard: „Felder, Relationen, Ortseffekte: Sozialer und physischer Raum", in: Csáky, Moritz / Leitgeb, Christoph (Hg.): *Kommunikation – Gedächtnis – Raum: Orientierung im spatial turn der Kulturwissenschaften.* Bielefeld: Transcript. 2009, S.45–55

NIERHAUS, Irene (Hg): *Räumen. Baupläne zwischen Architektur, Raum, Visualität und Geschlecht.* Wien: Edition Selene. 2002

OHRT, Roberto (Hg.): *Das große Spiel. Die Situationisten zwischen Politik und Kunst.* Hamburg: Edition Nautilus. 2000

PERNLOCHER-KÜGLER, Elisabeth: *Körperscham und Ekel – wesentlich menschliche Gefühle.* Münster: LIT Verlag. 2004

PFALLER, Robert: *Ästhetik der Interpassivität.* Hamburg: Fundus, Philo Fine Arts. 2009

PIRCHER, Wolfgang: „Die Inszenierung von Vertrauen. Zur Theatralität des Geldes", in: Bohn, Ralf / Wilharm, Heiner (Hg.): *Inszenierung und Ereignis. Beiträge zur Theorie und Praxis der Szenografie.* Bielefeld: Transcript. 2009, S.189–206

PLOEBST, Helmut: „History II: Allan Kaprows *18 Happenings in 6 Parts* Redone", 2006, vgl.: http://www.corpusweb.net/index.php?option=com_content&task=view&id=309&Itemid=68 (24.3.2010)

POMIAN, Krzysztof: *Der Ursprung des Museums. Vom Sammeln.* Berlin: Wagenbach. 1993

REBENTISCH, Juliane: *Ästhetik der Installation.* Frankfurt/Main: Suhrkamp. 2003

REINHARDT, Max: „Über ein Theater, wie es mir vorschwebt", in: Fetting, Hugo (Hg.): *Max Reinhard. Schriften, Briefe, Reden, Aufsätze, Interviews, Auszüge aus Regiebüchern.* Berlin/Ost: Argon. 1974

RILKE, Rainer Maria: *Briefe aus den Jahren 1907–1914.* Leipzig: Insel. 1939

ROGOFF, Irit: „How To Dress For An Exhibition", Hannula, Mika (Hg.): *Stopping the Process. Contemporary Views on Art and Exhibitions.* Helsinki: NIFCA: The Nordic Institute for Contemporary Art. 1998, S.130–149

ROSELT, Jens: „Wo die Gefühle wohnen – zur Performativität von Räumen", in: Kurzenberger, Hajo / Matzke, Annemarie (Hg.): *Theorie, Theater, Praxis.* Berlin: Theater der Zeit, 2004, S.66–76

ROSENEGGER-BERNARD, Barbara: *Interaktion als Werkzeug der Vermittlung – ein Definitionsangebot. Begriffserklärungen, Abgrenzungen und kritische Betrachtung des Einsatzes von interaktiven Tools im Museums- und Ausstellungsbetrieb unter besonderer Berücksichtigung der kulturwissenschaftlichen Vermittlung.* Wien: Universität für angewandte Kunst, Master Thesis. 2008

ROSSET, Clément: *Das Reale in seiner Einzigartigkeit.* Berlin: Merve. 2000

ROSSET, Clément: *Short Cuts.* Frankfurt/Main: Zweitausendeins. 2000

ROTHER, Ralf: „Raum, Räume, Räumen", in: Flottmann-Hallen, Stadt Herne / Christof Habres (Hg.): *Hofer Herbert, staub 2.* Wien: Metro Verlag. 2008, S.19–22

SIMMEL, Georg: „Die Ausdehnung der Gruppe und die Ausbildung der Individualität", in: ders: *Über sociale Differenzierung.* (1890) http://www.digbib.org/Georg_Simmel_1858/Ueber_sociale_Differenzierung?k=III.+Die+Ausdehnung+der+Gruppe+und+die+Ausbildung+der+Individualit%E4t (6.4.2010)

SCHADE, Sigrid / Richter, Dorothee: „Ausstellungs-Displays. Reflexionen zu einem Zürcher Forschungsprojekt", in: *Kunstforum International,* Bd. 186, 2007, S.57–63

SCHIMMEL, Paul: »Leap into the Void: Performance and the Object«, in: *Out of Actions: Between Performance and the Object, 1949–1979,* MoCA Los Angeles, New York/London. 1998

SCHLÖGEL, Karl: *Im Raume lesen wir die Zeit. Über Zivilisationsgeschichte und Geopolitik.* München: Hanser. 2003

SCHLÖGEL, Karl: „Kartenlesen, Augenarbeit", in: Kittsteiner, Heinz-Dieter (Hg.): *Was sind Kulturwissenschaften? 13 Antworten.* München: Fink. 2004, S.261–283

SCHMIDT-WULFFEN, Stephan: „Museum", in: Deutschland Radio Berlin (Hg.): *Kulturverschwörung. Kulturinstitutionen auf dem Prüfstand für die Zukunft.* Frankfurt/Main: Suhrkamp. 2002, S.192–197

SCHÖLLHAMMER, Georg: „Kuratiert von ...", in: Tannert, Christoph / Tischler, Ute (Hg.): *Men in Black. Handbuch der kuratorischen Praxis.* Künstlerhaus Bethanien, Berlin. Frankfurt/Main: Revolver. 2004, S.31–34

SCHROER, Markus: *Räume, Orte, Grenzen.* Frankfurt/Main: Suhrkamp. 2006

SCHROER, Markus: „Raumkörper und Körperraum – zwischen Öffnung und Schließung", in: Krämer-Badoni, Thomas / Kuhm, Klaus: *Die Gesellschaft und ihr Raum. Raum als Gegenstand der Soziologie.* Opladen: Leske+Budrich. 2003, S.73–90

SCHULTE, Christian / Gussmann, Reinald (Hg.): *Alexander Kluge: Facts and Fakes 2/3. Fernseh-Nachschriften. Herzblut trifft Kunstblut. Erster imaginärer Opernführer.* Berlin: Vorwerk 8. 2001

SCHULZE, Gerhard: *Kulissen des Glücks. Streifzüge durch die Eventkultur.* Frankfurt/Main: Campus. 1999

SCHULZE, Werner: *Die Erlebnisgesellschaft. Kultursoziologie der Gegenwart.* Frankfurt/Main: Campus. 2000

SCHWEEGER, Elisabeth: „Verkommene Ufer – Kunstmaterial. Von notwendigen Anachronismen wider die globale Infantilisierung", in: Noever, Peter (Hg.): *Das Diskursive Museum.* Ostfildern-Ruit: Hatje Cantz. 2001, S.32–41

SEEL, Martin: „Inszenieren als Erscheinenlassen. Thesen über die Reichweite eines Begriffs", in: Früchtl, Josef / Zimmermann, Jörg (Hg.): *Ästhetik der Inszenierung. Dimensionen eines künstlerischen, kulturellen und gesellschaftlichen Phänomens.* Frankfurt/Main: Suhrkamp. 2001, S.48–62

SENNETT, Richard: *Der flexible Mensch. Die Kultur des neuen Kapitalismus.* Berlin: Siedler. 2000

SENNETT, Richard: *The Fall of Public Man: On the Social Psychology of Capitalism.* New York: Vintage Books. 1978

SHUSTERMAN, Richard: „Tatort: Kunst als Dramatisieren", in: Früchtl, Josef / Zimmermann, Jörg (Hg.): *Ästhetik der Inszenierung. Dimensionen eines künstlerischen, kulturellen und gesellschaftlichen Phänomens.* Frankfurt/Main: Suhrkamp. 2001, S.126–143

SIEGMUND, Gerald: „In die Geschichte eintreten. Performatives Erinnern bei Rimini Protokoll und Klaus Michael Grüber", in: Csáky, Moritz / Leitgeb, Christoph (Hg.): *Kommunikation – Gedächtnis – Raum. Kulturwissenschaften nach dem spatial turn.* Bielefeld: Transcript. 2009, S.71–92

SLOTERDIJK, Peter: *Kritik der zynischen Vernunft.* Frankfurt/Main: Suhrkamp. 1983

SLOTERDIJK, Peter: *Sphären I. Blasen.* Frankfurt/Main: Suhrkamp. 1998

SLOTERDIJK, Peter: *Sphären II. Globen.* Frankfurt/Main: Suhrkamp. 1999

SOJA, Edward William: *Postmodern Geographies: The Reassertion of Space in Critical Social Theory.* London: Verso Press. 1989

SOMMER, Monika: „(Kultur)historische Museen als gegenwartsrelevante Diskursräume“, in: Martinz-Turek, Charlotte / Sommer, Monika (schnittpunkt) (Hg.): *Storyline. Narrationen im Museum.* Wien: Turia + Kant. 2009, S.74–92

STURM, Eva S.: *Im Engpass der Worte: Sprechen über moderne und zeitgenössische Kunst.* Berlin: Reimer. 1996

STURM, Eva: „Woher kommen die Kunst-VermittlerInnen? Versuch einer Positionsbestimmung“, in: Sturm, Eva / Rollig, Stella (Hg.): *Dürfen die das? Kunst als sozialer Raum.* Wien: Turia + Kant. 2000, S.98–211

TELLENBACH, Hubert: *Geschmack und Atmosphäre.* Salzburg: Otto Müller Verlag. 1968

THEATERKOMBINAT WIEN. Bosse, Claudia / Nägele Christina (Hg.): *Skizzen des Verschwindens. Theatrale Raumproduktionen.* Frankfurt/Main: Revolver Verlag. 2007

THOMPSON, Michael: *Mülltheorie. Über die Schaffung und Vernichtung von Werten.* Essen: Klartext-Verlag. 2003

TOMKA, Karin: „Lokalaugenschein: ‚Ich war im Swingerlclub‘“, in: *Österreich*, 22.2.2010, http://www.oe24.at/oesterreich/chronik/Lokalaugenschein-Ich-war-im-Swingerclub-0648770.ece (7.3.2010)

VIRILIO, Paul: *Die Eroberung des Körpers. Vom Übermenschen zum überreizten Menschen.* Frankfurt/Main: Fischer. 1996

VLASIC, Andreas: *Die Integrationsfunktion der Massenmedien.* Wiesbaden: VS Verlag für Sozialwissenschaften/GWV Fachverlage. 2004

VOSTELL, Wolf: „Happening“, in: *Theater heute,* 5, 1965

VÖGELI, Irene: „Schmutz-Glossar. ‚Verben zum Reinen und Unreinen‘“, in: *Kunstforum International,* Bd. 167, Ruppichteroth. 2003, S.150–173

WETZEL, Michael: „Erweiterter Raum. Inframediale Osmosen zwischen Künstler und Betrachter nach Marcel Duchamp“, in: Bohn, Ralf / Wilharm, Heiner (Hg.): *Inszenierung und Ereignis. Beiträge zur Theorie und Praxis der Szenografie.* Bielefeld: Transcript. 2009, S.315–327

WIDMER, Peter: *Subversion des Begehrens. Jacques Lacan oder Die zweite Revolution der Psychoanalyse.* Frankfurt/Main: Fischer. 1990

WIMMER, Martina: „Die Schmerzensbrecherinnen“, in: *Die Zeit,* 15.2.2001

ZELLER, Christoph: *Ästhetik des Authentischen. Literatur und Kunst um 1970.* Berlin, New York: De Gruyter. 2010

ZWEIG, Stefan: *Das Geheimnis künstlerischen Schaffens.* Frankfurt/Main: Fischer. 1993 (1938)

WEITERE WEBSEITEN

http://www.britannica.com/facts/11/797623/happening-as-discussed-in-Cage-John (26.3.2010)
http://www.demokratiezentrum.org/wissen/wissenslexikon/care-paket.html (26.3.2010)
http://www.koer.or.at/de/about/ (23.3.2010)
http://www.lovepangs.com (19.4.2010)
http://www.mobileacademy-berlin.com/ (18.4.2010)
http://www.moca.org/kaprow/index.php/category/lace/ (26.3.2010)
http://www.prohelvetia.ch/Stellungnahme-PH-Austellung-Bu.449.0.html?&L=0 (7.3.2010)
http://www.schwarzmarkt-archiv.de/ (18.4.2010)
http://www.science-center-net.at/index.php?id=371 (21.3.2010)
http://www.trafo-k.at/ (30.3.2010)

DANKSAGUNG

Die Arbeit am vorliegenden Buch wurde durch das Postgraduierten-Programm *Szenografie* (Institut für Design und Technologie) an der ZHdK, Zürich und das Institut für Theater-, Film- und Medienwissenschaften der Universität Wien ermöglicht. Mein Dank gilt diesbezüglich o.Univ.-Prof. Dr. Wolfgang Greisenegger, Prof. Dr. Thea Brejzek, Lawrence Wallen und ao.Univ.-Prof. Dr. Brigitte Marschall.
Weiters möchte ich mich bei Dr. Jeanette Müller, Dr. Ellen und Michael Ringier, sowie bei Margot Divjak und ao.Univ.-Prof. Dr. Johannes Divjak bedanken.

Szenografie & Szenologie

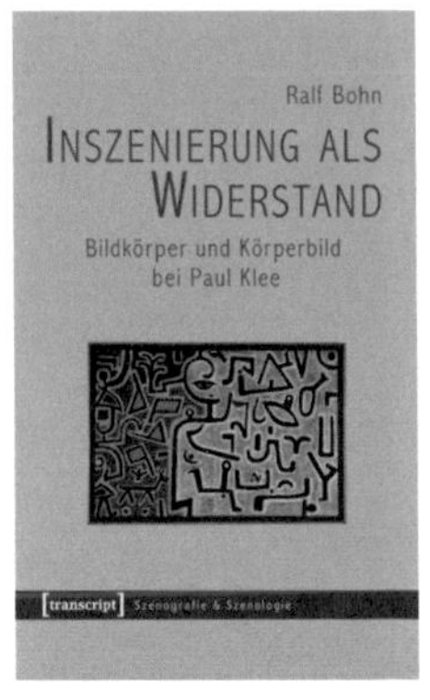

Ralf Bohn
Inszenierung als Widerstand
Bildkörper und Körperbild bei Paul Klee

2009, 282 Seiten, kart., zahlr. Abb., 33,80 €,
ISBN 978-3-8376-1262-2

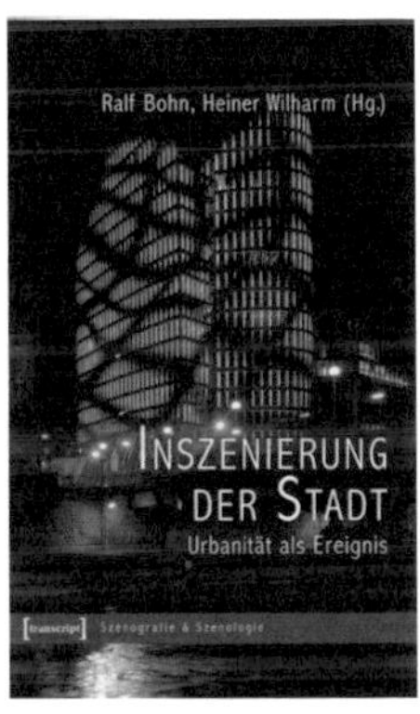

Ralf Bohn, Heiner Wilharm (Hg.)
Inszenierung der Stadt
Urbanität als Ereignis

März 2012, 372 Seiten, kart., zahlr. Abb., 32,80 €,
ISBN 978-3-8376-2034-4

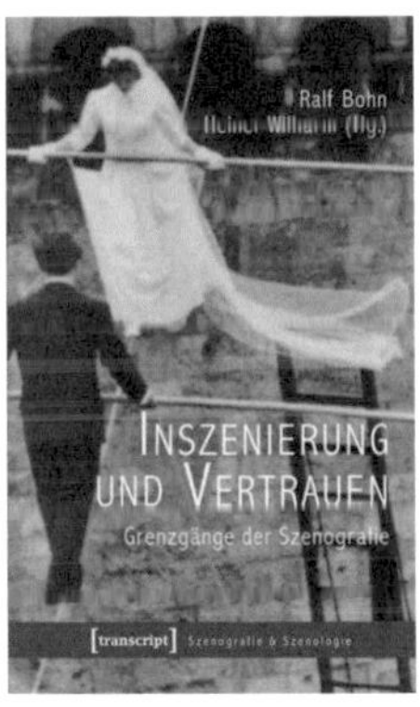

Ralf Bohn, Heiner Wilharm (Hg.)
Inszenierung und Vertrauen
Grenzgänge der Szenografie

2011, 392 Seiten, kart., 32,80 €,
ISBN 978-3-8376-1702-3

Leseproben, weitere Informationen und Bestellmöglichkeiten finden Sie unter www.transcript-verlag.de